坂田 바둑 시리즈 ⑦

바둑의 정석·속임수

정수와 속임수의 활용 및 대응을 위한……

5段 沈 宗 植 校閲

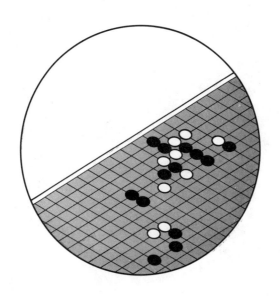

일신서적출판사

目 次

두칸높은 협공, 마늘모에서

눈부신 귀수(鬼手)가 어느날 돌연히 출현하였다.

이러한 수가 있다면 이 형은 출발점부터 고쳐 생각해야 하리라고 여겨질 정도의 커다란 충격이었다. 그러나 이처럼 센세이션을 불러 일으켰던 소동도 어느틈에 물거품처럼 사라졌다.

하늘 높은 줄 모르고 앙등하던 가격이 어느틈에 비지떡보다 더 싼 값으로 시세폭락한 꼴이어서 이처럼 세상을 떠들석하게 했던 귀수(鬼手)가 어느틈에 속임수라는 이름이 붙여져 정석의 뒤안길로 추방당하고 말았다.

그림1 문제의 수는 그림1의 흑1. 나팔꽃처럼 아침에 피었다가 저녁에 지고 말았다.

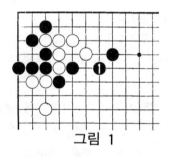

그림 1

우선 이 귀수라고 일컬어진 속 임수의 출현을 그 시초부터 추적 해 보자.

그림 2 출발은 두칸높은 협공인데 협공당한 백이 4로 마늘모한 다음 흑 5로 날일자한 것이 발단이다.

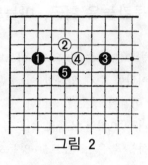

그림 2

그림 3 흑5에 대해서는 백 1에서 3이 보통 쓰이는 응전수단이고 계속 5로 밀어나왔을 때 즉각 6으로 막는 것은 강한 수. 7의 곳 끊음은 '이 한 수'이다.

그림3에서 6으로 막은 것이 강수. 7로 끊은 것이 '이 한 수'라는 이유를 설명하자.

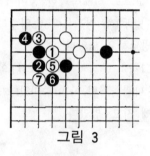

그림 3

그림 4 6의 수로 1의 곳에 끌면 간 단하다. 2에는 흑3, 백도 4로 내리 면 그만이다. 백A, 흑B의 교환은 후에 백C의 날일자로 압박하는 맛을 없애게 되며 방치하면 흑A가 두터 워져 취사선택이 어렵다.

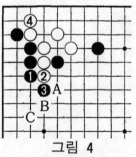

그림 4

그림 5 백1쪽을 끊는 것은 흑2. 그림4와의 득실의 차이가 명백하다.

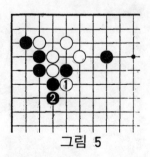

그림 5

그런데 다시 앞페이지 그림 3으로 되돌아가 보면 흑은 다음과 같이 두 가지 길을 택할 수 있다.

그림 6 흑1로 몰고서 3, 5로 바깥쪽부터 압박하는 것이 현재 주류를 이루는 전형(戰形). 그러나 주류성을 존중해서 여기에 덧붙인 것에 불과하다.

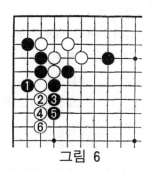

그림 6

그림 7 이것이 문제의 진행도. 흑1로 젖혀서 3, 5. 귀의 불안을 해소시키고서 중앙을 두려는 의도이다.

여기에 문제의 귀수(?) 흑7이 출현했다.

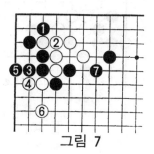

그림 7

그림 8 귀의 흑이 살아버리면 불안은 두 군데로 나뉘어진 백에게 많게 된다. 흑1의 포위에는 어쨌든 백A로 끊고 싶은 곳이다.

그러나 백A의 끊음이야말로 흑이 고대하고 있는 함정이다.

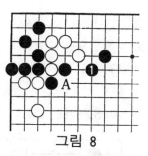

그림 8

그림 9 흑1에 백2. 다시 백4로 시원하게 포위망을 돌파한 것처럼 보이지만 순간, 숨돌릴 사이조차 없이 흑의 맹렬한 공격이 가해진다.

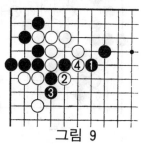

그림 9

그림10 흑1로 변을 한번 민 후 흑3. 재차 포위망을 형성한다.

그림11 백1로 나오면 계속 백을 추격하여 흑2에서 4. 백을 충분히 키우면서 흑6, 장문을 씌우면 백에게 탈출수단은 없다.

이 포위로 인해서 백이 전멸당하는 것은 아니지만 흑에게 외부를 완전히 차단당한 백은 상변의 좁은 곳에서 살아야 할 궁색한 꼴이 된다.

다만 사는 것만이 목적이라면 그렇게 괴로울 것도 없다.

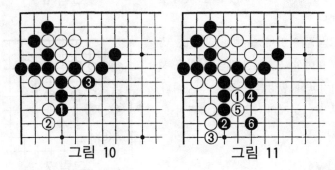

그림 10　　　　그림 11

그림12 위험한 것 같지만 백1로 그만이다. 흑2에는 백3 이단으로 젖혀 모양을 수습한다.

그림13 흑도 견고하게 1로 뻗고 3의 희생타로 7까지 바깥을 견고히 한다. 백A가 듣고 있는 곳이므로 무리하지 말고 이처럼 외세를 확장하면 전과는 충분할 것이다.

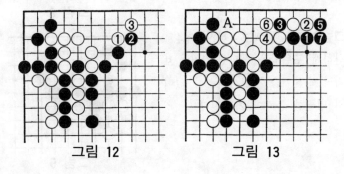

그림 12　　　　그림 13

앞페이지 그림13에서 흑이 무리하게 강경수단을 쓰면 어떻게 될 것인가를 살펴보기로 하자.

그림14 흑1의 강력한 습격은 어떨까? 이것 역시 가능하다.

그림15 백2에서 8까지 진행하여 흑은 백의 땅을 갉아먹긴 했지만 포위망이 돌파당해 일장일단이 있다.

아무래도 흑에게 포위당해서는 백에게 좋은 결과는 나오지 않는다. 거슬러 올라가서 그림9 백4에 반성의 여지가 있을 것도 같으므로 그 백4를 변화시켜 보자.

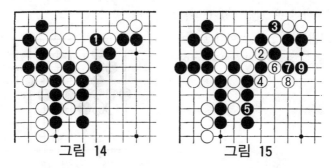

그림 14   그림 15

그림16 백4에 흑5. 이때 백6으로 두면 백으로서는 대만족이지만 흑은 그렇게는 두지 않는다.

그림17 백4에는 흑5로 밀고서 7. 이것은 백에게 최악의 것.

참으로 멋진 귀수의 출현이라고 생각된다. 이처럼 멋진 수가 있어서는 이 전형은 파산될 수밖에 없다.

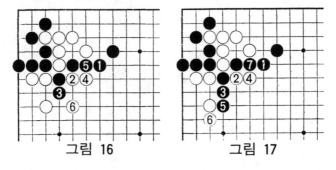

그림 16   그림 17

바둑은 흑백의 균형으로 두는 게임이므로 일방적인 수의 존재는 허용될 수가 없다. 이 수단을 파산으로 이끄는 데 달리 어려운 수속을 필요로 하지 않는다. 상대가 이 형을 피하면 자연히 소멸된다.

하루살이는 글자 그대로 하루종일 분주하게 살다가 단 하루만의 삶을 마친다. 그림 1에서 흑 1의 쇼킹한 등장도 하루살이처럼 짧은 생애로 끝났다.

그 이유는 상대방이 이 형을 회피했기 때문이 아니라 흑 1 자체의 결함이 곧 발견되었기 때문이다.

그림18 백 2로 들여다 보았을 뿐인데 흑은 응수가 난처하게 되었다.

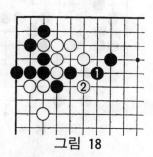

그림 18

그림19 흑 3으로 이으면 백 4에서 6으로 씌우는 장문수가 있다.

백 2의 출현으로 흑 1의 꿈은 무참하게 깨어졌다.

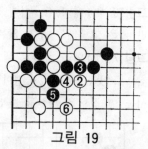

그림 19

오늘날 흑1은 정석의 뒤안길에 숨어서 이 속임수를 모르는 상대에게만 위협을 주는 존재로 전락했다.

그렇긴 하지만 일시적이나마 프로의 바둑에 등장하여 프로기사들을 아찔하게 하고 당황하게 만들었던 흑1은 여러가지의 연구점을 기계(碁界)에 제시했다. 그러면 여기서 올바른 착수는 어디인가 생각해 보자.

그림20 정석에서는 흑1이 정착임을 가르친다. 얼른 보아서는 백은 역시 포위된 상태여서 탈출하기 위해서는 상당히 고심하지 않을 수 없다.

얼른 보아서는 A의 끊는 수가 유혹하는데……

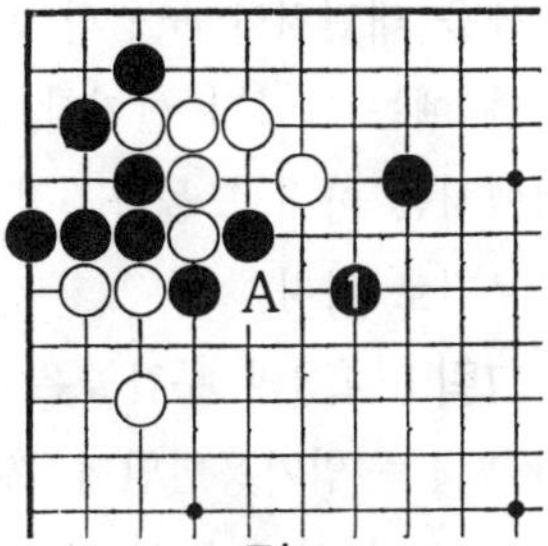

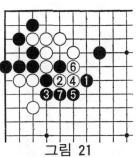

그림 20

그림21 무턱대고 백2로 끊으면 흑3 이하 7까지 봉쇄당해 고전이다.

그러면 이에 대한 백의 대책은?

그림 21

그림22 백1 붙임이 호수여서 권하고 싶은 한 수. 흑2에 다시 3으로 붙여 탈출할 수 있다.

이 다음 흑1의 우상, 백1의 상, 흑1의 하에 착수해도 백1의 우하에 끊어 봉쇄를 파괴할 수 있다.

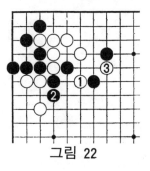

그림 22

두칸높은 협공, 되협공에서

두칸높은 협공은 여전히 현대바둑의 전법에서 주류의 지위를 차지한다.

근대바둑을 대표하는 최신 유행 전법이므로 그만치 여러가지의 수단이 추구되었고 고심의 책략이 이루어졌다.

몸을 내던져야 구원의 손길이 닿는다. 바둑은 승패다툼이므로 이러한 예는 그다지 신기할 것도 없지만 역사가 비교적 짧은 이 전법에서는 아직 드물다. 정석이 성립되는 과정 중에서 그 예를 찾아보기로 하자.

그림 1 흑3의 두칸높은 협공에 대한 백4는 임기응변인데 흑3 두칸높은 협공이 있거나 없거나 쓰인다.

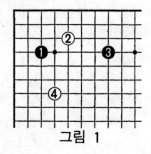

그림 1

다소 위치상 불명확한 곳이 있어 대대사(大人斜)라고도 말해야 할 것 같지만 대사(人斜)가 지니는 씌움의 느낌이 없고 협공에 가까운 감이 있다. 이것에 대한 흑의 응수는 단 한 수.

그림2 흑1로 상대의 머리에 붙여 ⊘과의 연락을 차단한다.

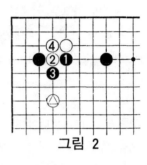

그림 2

계속해서 백2로 끼우고 4로 잇는 것은 상용수단.

단, 백2를 가능하게 하는 조건은 흑3의 수로 4의 곳 귀쪽에서 몰았을 때 백3으로 뻗은 다음 흑4의 왼쪽에 이으면 흑1 한 점을 축으로 잡는다는 점이다. 이것은 두말할 것도 없는 절대조건.

그런데 백의 끼움수로 흑에게 단점이 두 군데 생겼다. 그것을 어떻게 수습하느냐가 흑의 과제이다.

그림3 여기서 흑5로 중앙 쪽을 이으면 한 쪽의 단점은…….

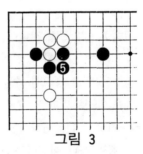

그림 3

그림4 당연히 백6으로 끊겨 정세가 자못 험악하여진다.

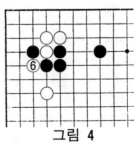

그림 4

그림5 여기서 흑1로 모는 것은 부족하다. 다음 흑3이 선수이지만 5를 생략할 수 없으며 백6에 다시 흑7로 지켜야 하므로 외세는 다소 훌륭하다고 해도 귀를 최대한으로 차지한 백의 실리에 미치지 못한다.

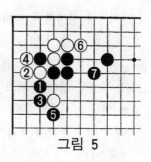

그림 5

그림6 흑1로 버텨야 할 곳이다. 우측 백 석 점과 아래의 백 한 점을 위협하여 이 흑1은 강력하며 이수로써 흑은 이제부터 싸움의 주도권을 잡게 된다.

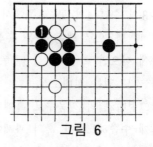

그림 6

그림7 백2, 4 젖혀이음은 귀의 흑을 압박하면서 자기 진의 근거를 만드는 것으로 중요한 수순.

흑은 3으로 막고 5, 7, 9로 한번 듣게 하고서 11. 귀살이했다.

이 흑이 사니 이번에는 상변 백 다섯 점이 살아야만 하게 생겼다. 백

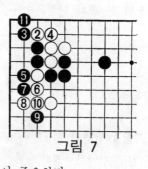

그림 7

은 어떻게 살 것인가? 그 사는 방법이 중요하다.

물론 단지 사는 것만이라면 문제는 간단할 것 같다.

그림8 백1 눈목자로 달려 삶을 도
모하는 것은 상식적이다. 그러나 위
치가 너무 낮다는 불만이 있다.

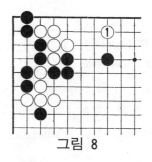

그림 8

그림9 그리고 흑2로 백3이 강요
당하고 4, 6으로 압박당하는 수단도
남았다.

살면 된다고 하지만 흑의 외세를
이렇게 두텁게 해 주어서는 찬성할
수가 없다.

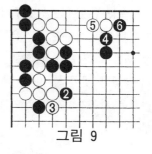

그림 9

그림10 백1의 응전은 어떨까? 이
것이라면 위치는 높다. 그림 8 눈목자
의 방어전과 다른 것처럼 보이지만
이것도 뾰죽한 것은 못된다.

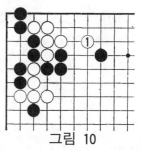

그림 10

그림11 흑2부터 4, 6을 당하고 백
9로 간단히 사는 정도로는 삶이 확
실해졌다는 것뿐이지 조금 낮다고
해도 찬성할 수는 없다.

여기는 백으로서는 어려운 고빗길.
몸을 던져서 타개책을 강구하지 않으
면 안 될 곳이다.

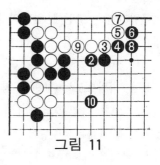

그림 11

18

그림12 백1의 공격. 어리둥절하게 여기는 사람이 있을는지도 모른다. 흑A하면 왼쪽 본대(本隊)의 백 다섯 점이 죽지 않을까 하는 의심도 들겠지만 그것이야말로 백이 노리는 바여서 이 수가 정착이다.

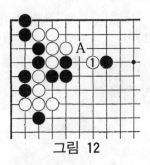

그림 12

그림13 흑2에는 백3부터 5. 흑6에 백7로 씌우면 이것은 백이 다섯 점을 버리는 대신 흑을 한쪽 귀에 봉쇄한 것이다. 버린 다섯 점도 아직은 활용가치가 남았으므로 백의 만족.

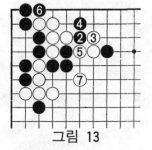

그림 13

그림14 그림13이 싫으면 흑2로 응할 수 밖에 없다. 그 결과……

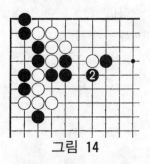

그림 14

그림15 백3부터 5에 젖히고 7로 호구벌리면 눈모양에 일말의 불안도 없으며 흑8 이음을 강요하여 선수를 잡는다.
　몸을 버림으로써 구원의 땅을 찾을 수 있다. 그림12의 백1이 바로 그것인데 현재는 이 형이 정석의 자리를 차지하리라고 생각된다.

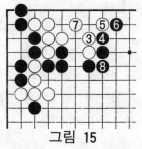

그림 15

두칸높은 협공, 마늘모 붙임에서

인간만사 새옹지마(塞翁之馬)란 말이 있다. 화(禍)가 되느냐 복(福)이 되느냐는 처음부터 정해진 것이 아니고 착한 일을 하면 복이 오고 악한 일을 하면 화가 오는 것처럼 각각의 일은 유동적이고 인과관계에서 연유한다는 뜻인 듯하다.

과연 세상만사가 그렇게 되는지는 필자로서 확언할 수 없지만 바둑에서만은 과연 그런 것 같다. 물론 승부이기 때문에 운(재수)이라는 것이 작용할 여지가 전혀 없다고 부인하기도 어렵지만 화와복에 인과가 있음은 인정하지 않을 수 없다.

유행하는 두칸높은 협공에서 그 예를 보자.

그림1 흑3으로 두칸 높게 협공했을 때, 백4로 마늘모붙이는 수는 50년대 중엽에 유행했었다.

이 마늘모붙임이 무엇을 의도하는가?

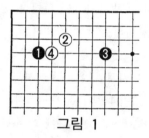

그림 1

그림 2 흑2라면 백3, 5. 협공당한 속에서도 용이하게 수습하였다. 물론 그것으로 흑이 나쁘다는 것은 아니지만 보다 좋은 수가 있으면 그것을 택하는 것은 당연하다.

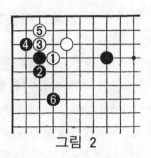

그림 2

그림 3 그래서 상대의 의도를 역습해서 흑2로 내려 백에게 근거를 허용하지 않는다. 이것이 호수.

이렇게 되면 백3도 불가피한 젖힘인데 이 수를 온건하게 4 또는 그 한 칸 아래로 두면 오히려 흑3 뻗음을 허용해서 백은 재미가 없다. 당연히 흑도 4로 끊어 전투개시.

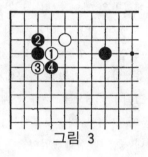

그림 3

그림 4 백5로 내려서서 귀의 흑을 위협.

흑6으로는 A나 B의 수단도 있지만 이 6은 최강경의 수단이다.

이에 대해 백7부터 9. 어찌 되었든 귀의 흑을 잡을 수밖에 없다. 사실 흑8로 내려서도 백9하면 귀의 흑 석 점은 잡히게 된다.

흑이 두는 수를 보다 좋은 수라느니, 보다 강력한 수라느니 하면서 결국 잡히는 것은 이상하게 여겨지겠

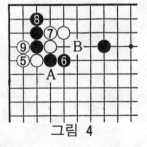

그림 4

지만 사실은 이렇게 잡힌 돌을 이용하는 데에 값어치가 있다.

그림 5 흑1로 붙이는 강경책도 있는데 이렇게 되면 백은 귀를 잡아도 안심할 수 없다.

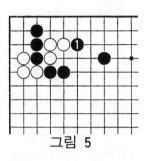

그림 5

그림 6 백2에 착수하는 한 수이지만 온건하게 흑3 끄는 정도로도 이하 흑7까지 외세를 확장하면 호각이다.

그뿐만이 아니다.

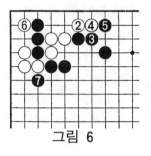

그림 6

그림 7 축이 유리하면 늦추지 않고 계속 흑3으로 압박하는 수도 있어 그 위협에 백A 이으면 백의 고전은 명백해진다.

그 경과를 살펴보자.

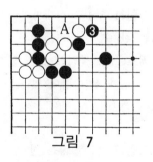

그림 7

그림 8 흑5로 다시 한 점 희생타를 더해 준다. 그때문에 백은 흑을 잡기 위해 6, 8 한 수를 더 소비하게 되므로 이하 13까지 흑은 중앙에 대세력권을 구축한다. 귀의 흑은 아직도 수상전이다.

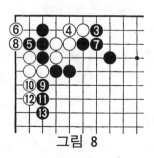

그림 8

22

그림9 때문에 백1로 단수, 상대방의 포위선에 뛰어들어 흠집을 남기려는 것은 당연하다.

앞에서 말했던 축의 조건이 개입되는 것은 이 장면인데 이를 무시하면 큰 소동이 벌어진다. 축이 일국의 화복(禍福)을 정하는 좋은 예이다.

그림10 흑2 이음에 백3. 포위를 당한다고 할지라도 상대방의 진영에 쐐기를 박으려는 것이다.

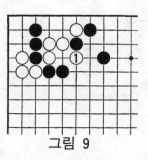

그림 9

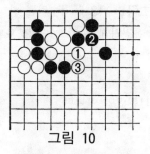

그림 10

그림11 흑4로 상대방의 머리를 누르는 한 수.

백도 그냥 물러설 수는 없지만 5로 되돌아 설 수밖에 없다. 흑6으로 봉쇄.

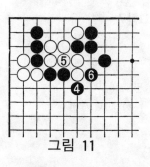

그림 11

그림12 백7로 끊는 한 수. 흑8에 9로 탈출하고 백13으로 종국을 맞았다.

싱거운 감이 있지만 여기서 일체가 끝났다. 어느쪽에 복이 돌아가고 어느쪽에 화가 돌아갈 것인가, 그 판정재료가 축이다.

그런데 어느쪽이 유리한 갈림인가?

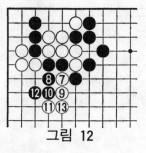

그림 12

그림13 흑1로 즉석에서 공배를 메울 수 있다면 백 일곱 점을 잡아 흑의 완승이다. 단, 백2로 끊어 4, 6으로 모는 축이 흑에게 유리해야 한다는 것은 절대조건.

그 축이 흑에게 불리하여……

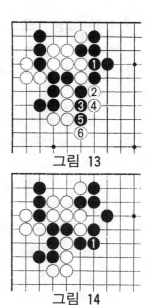

그림 13

그림14 흑1로 이어야만 할 입장이라면 반대로 흑이 몰살당한다. 백은 겨우 세 수의 수명. 흑은 세 수 이상 있는 것 같지만 백에게 KO 펀치가 숨겨져 있다.

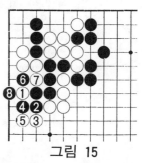

그림 14

그림15 백1이 반격의 제1탄. 이하 3부터 7은 당연한 진행.

흑8로 따내어 한숨돌린다. 이제 더이상 추격하지 못하리라 생각되지만…….

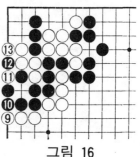

그림 15

그림16 백9부터 11로 조이고 백13의 천하패. 한꺼번에 만사는 결정되었다.

복과 화를 나누는 갈림길은 여기서는 패인데 그 조건을 취한 쪽이 승리가 된다.

그림 16

두칸높은 협공, 드드붙임에서

두칸높은 협공이 현대바둑의 주류전법임은 앞에서도 설명하였다. 이 협공방법은 수책(秀策)의 바둑에도 보이므로 그 발상은 훨씬 전에서부터 있었으리라고 상상된다.

그러나 본격적인 대유행은 제2차대전 후부터인데 모체가 되는 형이 좋았었던 때문인지 파생된 형이 한꺼번에 우후죽순격으로 출현해서 그 선풍에 휩쓸려 그중에는 덧없이 사라진 슬픈 정석도 있었다.

그림1 흑1 두칸높은 협공을 당한 백의 응수로서는 A와 B의 뛰기, C의 날일자 씌움이 보통 쓰이는 형이고 변칙적인 형으로는 D의 되협공, E의 밭전자 등 폭넓은 대응방법이 있다.

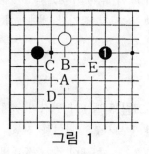

그림 1

그림2 그중에서도 백2로 붙여서 이하 6까지 상대방이 협공한 속에서 재빠르게 손을 써서 사는 것은 간명해서 유력하다.

이 전법은 협공당한 측의 기본적인 태도로서 협공의 고저 또는 광협에 관계없이 정석으로 완전히 인정받기에 이르렀다.

그런데 두칸높은 협공의 붐과 거기에 수반한 연구와 개량의 움직임 속에서 돌연 이 수에는 불구대천의 원수가 출현하였다.

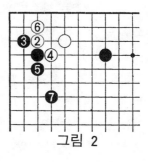

그림 2

그 수는 무엇인가? 아직도 기억에 생생한 혁명이므로 기력 10년 정도의 기사라면 누구나 알리라고 생각한다.

그림3 흑 1이라는 평범한 역습. 이것이 그림 2의 구축을 도모하려는 백에게 그렇게 허용할 수 없노라는 혁신적인 한 수이다.

그림4 그 흑 1이 오면 이하 백 6까지가 진행이다.

2차대전 전에도 이 그림 4의 형은 있었다. 단 흑 1 이하 귀를 파고 드는 것은 너무 졸렬한 것 같은 인상이 있으므로 깊이 생각해 보려고도 않고 백은 바깥쪽을 두어서 좋다는 선입관에서 일단 락했다.

그런 선입관이 있으면 흑에게는 더할 수 없는 기회이다.

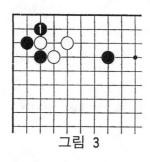

그림 3

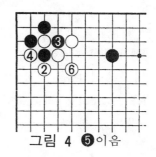

그림 4 ⑤이음

그림 5 앞 페이지 그림 4의 형부터 흑이 온건책을 취하려고 한다면 1에서 3으로 땅차지를 노려 처음에 두칸으로 협공한 아군의 한 점에 연락한다. A로 끊는 단수도 거의 선수이므로 이 소득은 백의 외세에 필적한다고 보겠다.

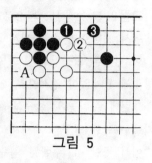

그림 5

그림 6 또 적극적으로 백을 공격하려고 하면 흑 1, 3으로 백을 우형으로 만든다.

백은 상대를 삼분으로 쪼갰고 자기는 하나의 진영.

보통이라면 어지럽지 않은 형이지만 이 경우, 흑은 가볍고 백은 집을 만들어야 한다는 부담이 있어 무거운 모습이다.

이렇게 되면 흑이 귀에서 되젖히는 것은 선입관을 이용한 멋진 속임수이지만 그렇게 간단한 속임수로는

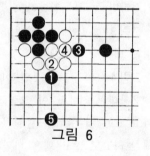

그림 6

끝나지 못한다. 당연히 정석의 자리를 차지하기에 이르지만 비록 정석의 자리가 허용된다 해도 상대방이 이를 회피하면 어쩔 수 없는 것이다.

또 이 혁명에서 동시에 주의할 점은 그림 2에서 백이 수습한 방법이 귀에서 흑이 되젖힌 것을 졸렬하다고 여긴 선입관에서 연유한 속임수에 불과하다는 사실이다.

이 형은 오궁도화형이라고도 불리는데 여러가지로 연구된 바가 있다. 다음은 그 한 예.

그림7 백2로 끌고서 6은 어떨까? 단, 흑A의 끊음을 백의 축이 유리하여 봉쇄할 수 있다는 조건이다.

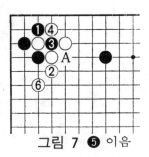

그림 7 **⑤** 이음

그림8 그러나 이것도 6에서 8하는 정도여서는 백이 만족한 갈림이라고 할 수 없다.

그후 그림2의 백2는 잘못이라고 해서 자취를 감추었다. 따라서 그림 3의 흑1도 사라졌고 속임수의 대결은 양쪽 모두 무승부. 그림2도 그림4도 덧없는 정석으로 사라졌다.

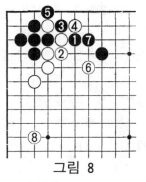

그림 8

그러나 이 속임수가 서로 대결했던 영향은 큰 것이어서 잃은 것보다도 귀중한 것을 많이 얻었음을 덧붙이지 않을 수 없다.

그림9 백1이 탄생하였다. 노리는 점은 5까지. 그림2에 환원하려는 시도이다.

그림10 흑2가 그 주문을 거절한 내림수임은 당연한데 이것은 바로 앞의 항목에 게재했었다.

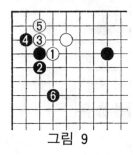

그림 9

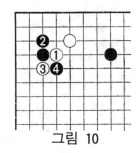

그림 10

그림11 또 두칸높은 협공에서의 총아
로서 인기 최고인 백1도 개발되었다.
속임수의 대결에서 태어난 결정체인데
이것이 있는 한 귀에서의 되단수가 제
대로 성공할 수 없다.

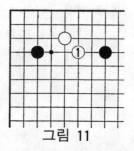

그림 11

그림12 백3, 5에 흑4에서 6으로
되단수하는 것은 무리. 이하 11까지
진행되면 흑2 한 점이 부담. 백1 한
점은 호구벌림이 되어 크게 작용하는데
그것이 백1의 특징이다.

때문에 백1 마늘모로 나오고 3에 대
해서는 그림13의 흑4에서 6으로 응하
게 된다.

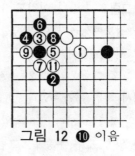

그림 12 ❿ 이음

그림13 백의 구축은 너무 좁은 범위에서 들쑥날쑥하여 위축된 느
낌.

흑8로 전개한 모양이 늠름하다. 백은 너무 견고한 것이 난점.

그림14 그래서 백3으로 달리는 형이 등장했는데 그것은 후일담
이다.

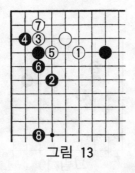

그림 13

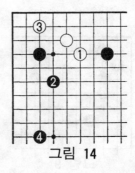

그림 14

한칸높은 협공, 날일자 뛰기에서

앞의 항목에서는 선입관을 이용한 속임수가 출현하여 귀의 전술
에 커다란 혁명을 일으켰음을 살펴보았다.

그림 1 청산당한 것은 상대방이 협
공한 속에서 아무 노력도 들이지 않고
수습하려고 했던 백 1에서 5까지의 자
세이다.

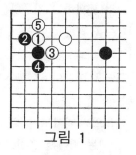

그림 1

그림 2 그것을 파괴한 것이 흑4라고
하는 되단수의 수단이다.

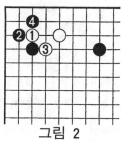

그림 2

그후 귀에서의 되단수의 대책은 여러가지로 시험되어 왔다. 그러나 명안이 없는 채로 계속 다른 형으로 바뀔 뿐이어서 그림 1에서 백이 안이하게 살려는 기본적인 자세는 두번 다시 돌이킬 수 없는 형이 되었다.

그러나 바둑의 전투형은 폭넓은 것이어서 본질적으로 귀에서의 되단수를 허용하지 않는 방법도 있어서 그 분야에서는 여전히 그림 1의 백의 정신은 살아 있다.

그림 3 이것이 그 한 예인데 한칸 높은 협공.

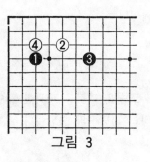
그림 3

흑 3으로 가깝고 높은 협공을 당하면 정세는 백에게 준엄해서 뾰죽한 수가 없는 한 백은 손을 뺄 수가 없다. 그래서 흑의 협공 속에 쉽게 살려고 백 4로 붙이고……

그림 4 흑5에는 6으로 호구를 만들고 8, 10으로 미끄러지는 진행을 기대한다.

흑도 무리는 할 수 없다. 예의 되단수로 백의 미끄러짐을 방지한다.

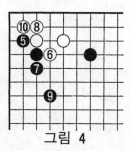
그림 4

그림 5 백6을 기다리고서 흑7, 9. 귀를 따내도 백12로 지켜 뒤에 흑A의 젖힘도 백B하면 처음 협공한 돌에 연결하지 못한다.

이것은 흑에게 찬성할 수 없다. 그렇다면 그림 4가 의문이다.

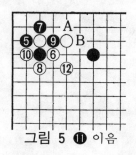
그림 5 ⑪ 이음

그림 6 흑 5부터 한일자로 벽을 쌓고 11로 벌린다. 장쾌한 구상으로 나갈 가능성이 농후하다.

그림 7 그래서 사전공작으로 백 4로 두고 나서 A의 붙임수를 뒷맛으로 남긴다.

흑5는 평화적인 수. 여기서는 분쟁을 일으키지 않겠다는 회답이다. 백이 손을 빼고 흑B로 나가도 위협이 되지 못한다.

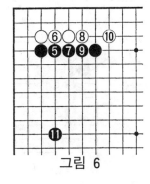

그림 6

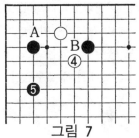

그림 7

그림 8 흑1에는 백2. 이 씌움은 백의 권리이며 이 수가 있는 한 흑은 계속해서 A로 나와도 백B로 흑이 손해를 입는다.

그러나 손을 뺄 수 있다고 해서 방치하여 두기보다는 재빠르게 수습하면 그보다 나은 일은 없다.

그림 9 백6으로 붙여서 8, 10. 이것으로 백은 안정될 수 있으며 이것은 정석이다.

그림 8

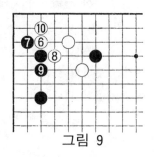

그림 9

그런데 한칸높은 협공에 되단수의 수단이 없다는 점을 지금까지 대충 설명했으며 붙이고 호구해서 유유히 안정을 취할 수 있다는 것이 이 전법의 특징이며 장점이다.

그러나 불필요한 수를 쓰면 파괴당한다. 원칙이 그렇다고 해서 결과까지 보증될 수는 없다. 특히 이 경우 이 형에 딱 들어맞는 수맥이 달리 있으므로 혼동하기 쉽고 탈선의 위험성이 대단히 높다고 생각된다.

그림10 이처럼 백과 흑이 대치한 형에서는 백 1 에서 7까지는 귀에만 한하지 않고 변에서도 생길 수 있는 형인데 백이 모양을 갖추려고 할 때의 상용수단이다.

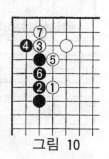

그림 10

그림11 백 1 을 듣게 해서 7까지, 정해진 수순이므로 그냥 교환을 끝내었다. 무엇다도 이 그림의 특징은 백 1, 흑 2 의 교환이 활력이 있어서 백의 모습은 그림 9 의 정석보다 빛난다는 점이다.

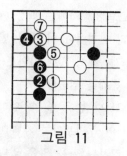

그림 11

그림12 만약 그림 9 의 상태에서 백1의 곳에 착점하면 흑 2 로 어쨌든 반발하고 싶은 곳이다.

이같은 뜻밖의 백의 이익도 그림10의 공식을 응용한 덕택이다.

그러나 이것은 상형에 익숙해졌기 때문에 일어난 잘못이다.

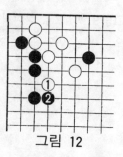

그림 12

그림13 백3 붙이고 5로 호구한다. 계속해서 백6으로 내리려는 것, 그 일촉즉발의 순간에 흑6으로 되단수. 화려한 카운터 펀치의 구사이다.

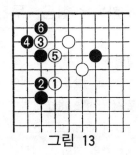

그림 13

그림14 이하 백7로 젖혀몰아 흑8에 9, 11이 되면 외길수. 백11은 흑을 분단시킨 기분 좋은 방어이지만 잃은 것이 오히려 크다.

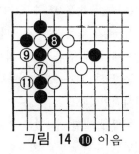

그림 14 ❿ 이음

그림15 만약 그림13에서 백1, 흑2의 교환이 없었다면 그림14의 11로는 이 백1로 이어서 무난한 갈림이 될 수 있었는데 그 사정이 달라졌기 때문에 큰 일이다.

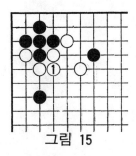

그림 15

그림16 흑12부터 14. 흑의 소득은 상당히 크다. 최초에 한칸높이 협공한 흑▲와 어깨를 짚은 백△의 교환도 좋지 않은 교환이 되었다.

한칸높은 협공에 되단수는 없다. 이 통념에서 생긴 속임수이다. 유일한 예외로 기억해 두기 바란다.

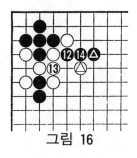

그림 16

두칸높은 협공, 두칸 뛰기에서

그림1 유행되는 두칸높은 협공에서 파생한 전투형의 하나.

흑3으로 협공당한 백이 두칸에 뛰었을 때 흑5로 두어 도발적으로 접근하는 응수방법이 있다.

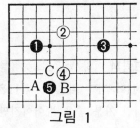

그림 1

흑5의 수는 보통은 A. A와 5라는 한 칸의 차이가 나타내는 것은 A에는 백이 손을 뺄 수 있지만 5에는 손을 빼기 힘들다는 점이다.

5에 대해 손을 빼기 힘든 백의 응수는 B와 C가 오래전부터 있었던 역사적인 태도.

이렇게 말할 수 있는 것은 이 B와 C가 역사가 낮은 두칸협공에 있었던 수단. 결국 차용한 발상이라고도 할 수 있기 때문이다.

이문제에는 관계가 없지만 복습하는 의미에서 간단히 변화를 설명해보자.

그림 2 백 1쪽은 흑 2에 백 3. 백 3으로 4의 곳 후퇴는 흑 A로 금단의 제 4 선을 뻗게 해 주는 결과가 된다. 그래서 4, 6의 2단젖힘부터 실리와 세력의 대항전으로 돌입하게 된다.

그림 3 여기의 백 1은 흑 2부터 8까지 진행했을 때 14의 단점이 쌍방의 큰 관심사가 된다.

그러나 여기서 일전하여 백 9 붙임수가 포인트. 물론 14의 곳, 단점과 관련하여 다음은 10 이하의 싸

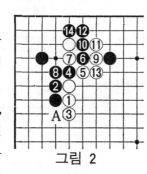

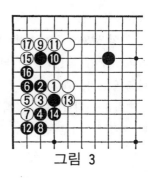

그림 2   그림 3

움에 돌입, 17까지 흑 선수여서 약간 유리하다.

그림 4 이처럼 배후의 상대에게 맞부딪치는 방법은 역사가 있는 앞의 두가지 형과 달라서 근대의 소산.

두칸높은 협공이 건후의 것이므로 당연히 근대의 소산일 수밖에 없지 않느냐고 하면 그만이지만 낮은 두칸협공에는 보이지 않았던 점에서 근대성을 느낄 수 있다.

이 수가 노리는 것은 오른쪽으로 움직이는 것처럼 보이면서 왼쪽의 본진을 찌르려는 것이다.

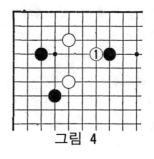

그림 4

'흥, 모양을 갖추어서 재빠르게 수습해 보려고…….' 하는 식으로 얕보았다가는 위험하다.

그림5 호락호락하게 수습을 허용할 수 없다고 해서 흑2로 견고하게 섰다. 흩어져 있는 백 석 점을 위협하고 동시에 간접적으로 왼쪽 흑의 엷은 맛을 보완한다.

그러나 결론부터 말해서 이 흑2는 견고하다는 것뿐이고 백의 기발한 수단을 봉쇄하지는 못한다.

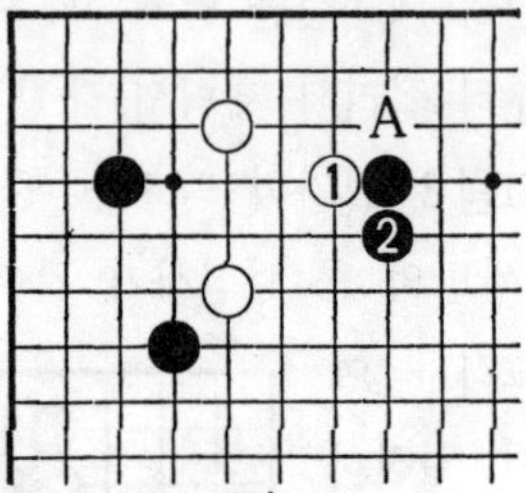

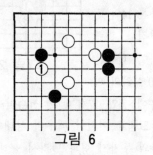

그림 5

그것은 흑2를 A의 곳에 두어도 마찬가지이다. 왼쪽 백의 두칸뛰기와 흑이 날일자로 대치한 형에서 근대의 소산인 백1이 어떤 의미를 지니고 있는가, 그 특징을 잊어버렸기 때문이다.

그림6 기다렸다는 듯 백은 노리던 왼쪽에 백1로 붙여 전단은 개시.

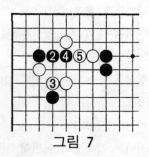

그림 6

그림7 흑2로 밭전자의 중앙에 진출하여 그를 포위하는 백의 모습도 엷지만 3의 연락이 멋진 수, 5로 포위태세가 완비되었다. 이 수가 더해져서 근대의 소산인 그림5 백1의 효과가 찬연히 빛난다.

그림 7

그림8 어쨌든 흑 1이 단 하나의 돌파 구이다. 백 2에 흑 3으로부터 5로 뻗어 나가면 흑 1의 왼쪽 단점을 백이 끊을 수는 없다.

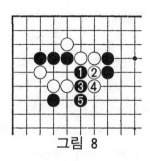

그림 8

그림9 그러나 백 1이 침착한 호수. 다음은 끊을 차례이므로 흑 2의 이음을 독촉하여 3, 이 꼬부림이 또한 두터운 수.

포위망은 돌파되었다. 그러나 흑은 몸뚱이가 갈갈이 찢긴 채 간신히 탈출했을 뿐이고 한편 백은 양쪽에 유효타를 두었다.

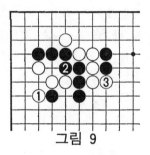

그림 9

그림10 그렇다면 흑1로 강력히 막는 것은 어떨까. 그림 8 흑3의 변화이다.

단지 36계 줄행랑만으로는 묘기를 포착할 수 없다. 오히려 상대방을 에워싸서 결전의 의기는 대단하지만 전의만으로 바둑을 두는 것은 아니다.

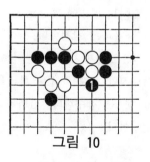

그림 10

그림11 백2 다음 백4로 위쪽의 궁도를 넓힌다. 흑5, 7로 막고 9는 기분좋은 진행이다.

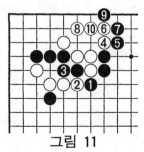

그림 11

38

그림12 이 중대한 시기에 흑1의 곳에 수를 되돌려야 한다. 이를 게을리하면 백A, 흑1, 백B, 흑C, 백D가 있다. 그 순간에 백2로 유유히 상변은 산다.

그렇다고 흑3으로 이쪽 백에게 압력을 넣어도 백4로 젖혀 그만이다.

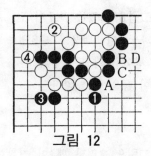

그림 12

그림13 겨우 흑1에 끊고 3에서 7까지 바깥쪽을 조이는 정도로는 백의 실리에 비해 흑은 불만이리라.

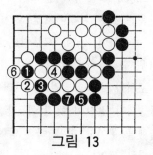

그림 13

그림14 백1에 흑2로 젖힌다. 이것이 올바른 착점이다.

백3으로 재차 A에 붙이는 맥이 생겨났지만 그때 흑4로 화근을 없애고 백5는 감수한다. 9까지 침착한 진행이다.

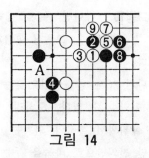

그림 14

그림15 한칸 협공에 발생하는 기본정석. 아주 닮은 형이므로 참고로 덧붙였다.

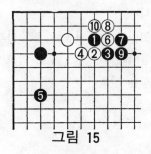

그림 15

두칸높은 협공, 맞끊음에서

서유기에 손오공이라는 괴원숭이가 주인공으로 등장하는데 그는 여의봉을 손에 넣어 자유자재로 요술을 부릴 뿐만 아니라 구름을 부리는 법을 체득하고 있어 구름을 타고 종횡무진의 활약을 한다.

여기서는 손오공만큼의 강력한 수단과 그것이 불러 일으키는 멋진 진행도를 살펴보기로 한다.

그림 1 두칸높은 협공에서 맞끊는 정석.

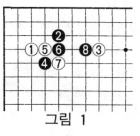

그림 1

백3 두칸높은 협공에 흑4로 씌우고, 백은 5, 7로 맞끊어 반격.

이에 대해 흑이 알아 두어야 할 것은 흑8로 배후의 적에게 붙여서 상대방이 나오는 모양을 타진하는 일이다.

그림2 계속해서 백9로 나가고 11은 중요한 수순. 9를 두지 않고 곧장 11로 한 점을 모는 것은 흑9로 단수 당한다.

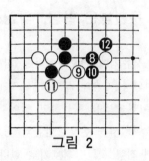

그림 2

흑10으로 뚫고 나오면 백11에 흑12. 쌍방이 자기 진을 정비하여 일단락. 두칸높은 협공의 맞끊는 기본 정석이다.

그림3 그림2에서 흑8이라는 수가 착수되었을 때 백1로 서는 수. 이것이 손오공의 여의봉을 생각케 하는 강력한 수이다.

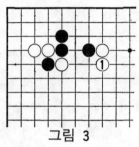

그림 3

그림1에서 그림2에 이르는 기본 정석을 분석하면 흑8에 백9로 응하는 것이 돌의 수순이라고는 하지만 필연적으로 흑10을 유발하여 두칸높게 협공한 오른쪽 한 점을 스스로 끊었다.

그렇게 되어서는 협공한 의도가 철저하지 못하다. 그림3 백1의 발상 이유는 거기에 있다. 기력에 자신이 있다면 손오공이 아니더라도 두고 싶은 방법이리라.

그림4 그림2의 흑8을 둘 정도의 사람이라면 여의봉 ⊘에 위축되어 흑1의 곳에서 몰지는 않을 것이다.

백을 6까지 뻗게 하면 그 모습은 구름을 탄 손오공처럼 쾌조의 기세이다.

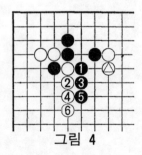

그림 4

그림 5 그림 4처럼 오히려 이적행위를 하여서는 흑이 좋지 않음은 당연하다. 그렇다고 뻗지 않고, 흑3 뛰어 백A를 유인하는 상용수단은 어떨까?

그림 6 백4 유인하여 흑5. 백6에는 계속 흑7로 덕택에 뻗어나갈 수 있지만, 여기서 백8의 꼬부려막음이 호착이어서 이 다음 어떻게 둘 것인지 혹은 고전을 면할 수 없다.

제일착이 좋지 않으면 맥도 생겨나지 못한다.

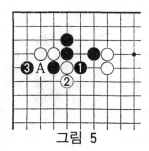
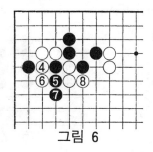

그림 5   그림 6

그림 7 흑1로 당연히 이쪽에서 단수한다. 기본정석과 △가 맞은편에 있지만 방해가 될 리는 없다.

그림 8 백2에 흑3. 4에는 5로 흑이 멋지게 뚫고 나온 느낌.

여기서 백6. 다시 양쪽의 절단을 노리는 여의봉의 발동이다. 6의 수로 A에 양단수를 걸면 한 수 이익이라고 생각되겠지만 오히려 이렇게 서고 나서 A로 양단수하려는 것이다.

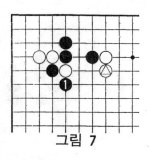
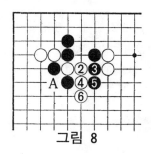

그림 7   그림 8

그림9 막바로 백1로 양단수하는것은 위험하기 짝이 없다.

그림10 흑2로 도망갈는지 모르나 그러면 백5가 훌륭한 수이다.

그림11 그러나 흑12까지 나가 축이 유리하면 흑은 응형이 되었지만 버틴 값은 되었다. 그림 12 △의 세심하면서 강력한 이유이다.

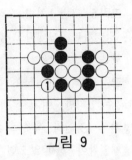

그림 9

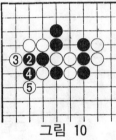

그림 10

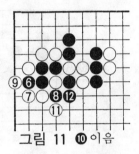

그림 11 ⑩이음

그림12 그런데 △의 뻗어끊는 수가 오면 다음에 백A로 양단수하는 큰 수가 아직도 흑에게는 암적인 존재다.

그렇다고 △로 인해 생긴 백B로 나가는 것도 싫고 이 백B에 대비하여 C로 지키는 것은 백A를 허용하게 된다.

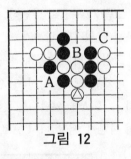

그림 12

그림13 그래서 어쨌든 흑1로 나갔다. 공격하면 지키겠다는 태도. 손오공에 대한 저항이지만 어떻게 될까?

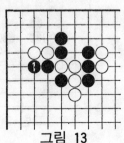

그림 13

그림14 백 2, 4로 젖혀잇는다.

흑 5에 수가 돌아가 그야말로 폭풍전야와 같은 심상치 않은 양상이다.

그림15 그래서 그 의도를 봉쇄하려고 백1로 절묘한 주문을 걸면 흑 2로 방비하지 않을 수 없다.

계속해서 백 3, 5의 절단이 강렬한 일격. 흑은 수습할 수 없는 대혼란에 빠진다.

그 수순 중, 백 1에 흑 2가 생략될 수 없는 이유는 다음과 같다.

그림16 만약 흑 2를 위쪽의 방비에 전환시키면 이하는 거의 외길수로 백13의 치중까지 수상전은 흑 패배.

그림17 또 그림15 이후의 진행은 흑 1로 단수, 3으로 궁도를 넓혀도 백4에서 10까지 귀는 빅이다. 그러나 가운데 흑 석 점이 떨어진 형으로 흑이 좋지 않다.

그러나 오공은 어느날 나쁜 일을 저질러 예의 구름을 불러 천리만리 도망했다. 이쯤 왔으면 되었겠지 하고 구름에서 내린 오공은 기절초풍. 그것은 그가 도망치기 시작했던 바로 그 장소인 부처님의 손바닥 안이 아닌가?

그림 14   그림 15

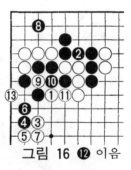

그림 16 ⑫ 이음

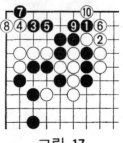

그림 17

그림18 흑1이 정착. 그림8(그림 12도 마찬가지)에 계속된 흑의 수단으로 잠자코 백의 나옴에 방비했다. 이 흑1에 백A라면 이번에는 흑B가 성립한다.

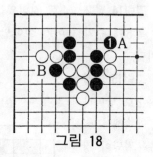

그림 18

그림19 백도 2로 방비했다. 흑3으로 뻗으면 쌍방이 무난하며 피차 불만이 없는 갈림길이다. 또 흑3으로는 중앙을 중시하여 A도 유력.

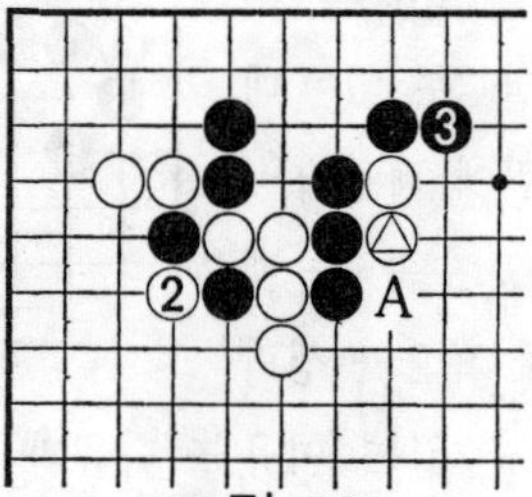

그럼 손오공을 퇴치할 비결은 없는가?

그림 19

그러나 손오공을 퇴치할 수단은 아직 개발되지 않았다. 손오공은 평범한 원숭이와 달라 힘의 한계를 알면 얼른 좋은 일로 방향을 전환할 줄 아는 지혜가 있는 원숭이다. 그림19를 놓고 이 점 체득하기 바란다.

그렇다면 그림19도 당연히 정석임이 이해될 것이다. 다만 그런 펀치력을 비장하고 있음에도 불구하고 그림1, 2보다도 인기가 없는 것은 무슨 이유일까? 그것은 그림19 ⓐ는 무거운 인상. 협공한 의도를 계승한 것이긴 하지만 그곳의 백 두 점이 그림2 이상의 **호흡난**에 빠져 왼쪽의 전과도 손에서 멀어 재미가 없다는 이유에서이다.

두칸높은 협공, 두칸뛰기에서

그림1 두칸높은 협공에서 파생된 유형정석의 하나이다.

협공당한 흑이 4의 곳 두칸에 뛰면 여유를 두지 않고 협공당한 백이 5에 붙여 두칸에 뛴 흑돌을 분단시키려는 의도인데 이하 14까지는 기본적인 형으로 이해하기 바란다.

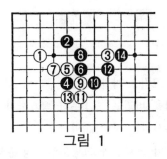

그림 1

기본적인 형이라고 특히 강조하는 이유는 여러가지로 주문이 많은 전투형이기 때문이다.

흑4의 뛰기가 지나친 것이 아닌데도 백5로 붙여 이를 격리시켜야 했던가 하는 소박한 의문에 부딪치게 되는데, 그것은 취향이라고밖에 말할 도리가 없다.

기본형의 혼합을 하나 들어보자.

그림 2 두칸에 뛰었던 한 점을 깨끗이 단념하고 흑 1 이하 가볍게 갖추는 방법도 있다. 이 형에서는 백A 의 노림수가 유력하다.

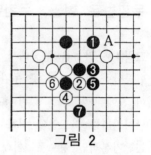

그림 2

그림 3 마찬가지로 두칸에 뛴 한 점을 버리고 흑 1 부터 백 6 까지 변화시키는 방법도 있다.

이 그림 2 와 그림 3 은 모양은 달라도 밑바탕에 흐르는 정신은 같다.

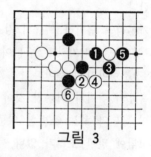

그림 3

그림 4 백이 두칸에 높게 협공한 △를 중요하게 여겨 1 로 구출하면 흑도 두칸에 뛴 ●를 구출하여 2 의 곳에 희생타를 던지고 8 까지.

그림 5 최근, 신예기사끼리의 타이틀전에 돌연히 출현했던 것.

두칸에 뛴 ●를 쓸모없이 버릴 수 없다는 강력한 저항이다.

이처럼 두칸에 뛴 한 점을 둘러싼 공방전은 그 근원이 사소한 것이면서 움직임은 다채롭다. 유행에 이유가 없다는 말 그대로다.

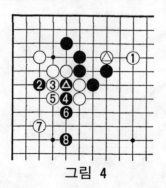

그림 4

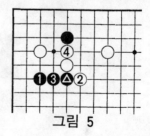

그림 5

그런데 이런 속임수가 있다.

그림6 흑1 젖힘에 백A로 끄는 상형을 취하는 대신 2로 부딪치는 진기한 형이다.

백2는 흑3 막으면 4로 끊자는 것. 백2로 치받아 상대방에게 단점을 두 군데나 만들었는데 B로 끊는 정도라면 백A로 끄는 편이 낫기 때문에 B는 없다. 백2, 4가 바로 이 맹렬한 몸부림을 상상시켜 준다.

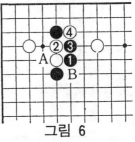

그림 6

그림7 흑1. 어찌 되었든 이렇게 격리시키는 한 수.

백2로 탈출. 이것이 흑이 노리는 점이다.

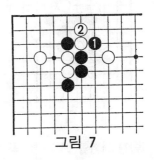

그림 7

그림8 흑3으로 호처에 뻗었다.

이 흑3으로 백의 진영은 산산조각으로 분리당한 것 같지만 백4로 꼬부려 먼저 이쪽을 수습한다.

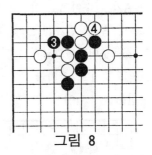

그림 8

48

그림9 다시 한번 흑 1로 뚫고 백 2로 막으면 흑3으로 끊는 것은 용감무쌍한 듯하지만 이미 파국으로 가는 외길수다.

백 4에는 5하면 백은 다시 6으로 머리를 내밀어 가운데의 흑이 약화된다. 그렇다고 가운데의 흑을 보강하면 귀가 떨어져 나갈 것이 명백하다.

그림10 불가피하게 흑 7로 한 점을 단수해서 귀를 수습했다. 그러나 백8의 막음수에는 아직도 귀의 흑에게 수단을 걸 여지가 남는다.

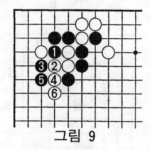

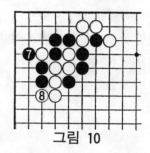

그림 9   그림 10

그림11 기회를 보아 백 1로 끊어 단수하는 귀수가 남는다. 다음에 흑A가 단수이므로 여간해서 생각해내기 힘든 착상이다.

그러나 흑A라면 백B로 흑 석 점이 떨어지고, 흑B라면 백A로 귀의 소득뿐이다. 그렇다면 다른 수단을 강구하여 보자.

그림12 흑 1로 붙이는 것은 어떨까?

우선은 급소이어서 수긍할 만하다고 생각될 것이다.

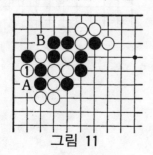

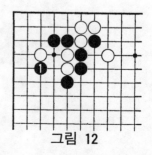

그림 11   그림 12

그림13 평범하게 백 2 로 잇게 해서는 역시 흑이 괴롭다. 흑 3 에 4 로 뻗어 6 으로 끊는다.

이하 백10일 때 흑11에 수가 돌아가 위의 백 석 점이 떨어질 것 같지만……

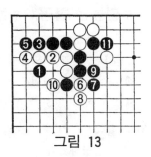

그림 13

그림14 백12로 한번 귀쪽을 밀고서 14가 멋있는 방어. 흑15로 나가지 않으면 안 되는데 백16하면 단점이 위급하므로 흑17. 백18로 넘어가면 이해득실은 스스로 명백하여진다.

여기서는 강한 것에는 유순하게 임하는 태도가 필요했다.

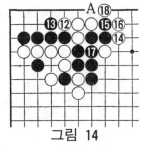

그림 14

그림15 흑 1 이 정착. 돌을 버리고 대세를 쫓자는 사고방식.

그림16 백 2 에는 흑 3. 이하 두 점을 희생타로 던지고 바깥쪽에 세력을 구축하여 흑이 좋다. 두칸높게 협공한 ◬가 무용지물이 된 모습에 주목하기 바란다.

또 흑 1 로는 그냥 3 하여 백 1, 흑 7 도 괜찮다.

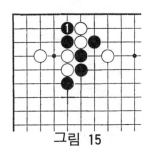

그림 15

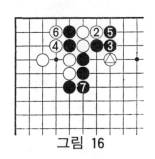

그림 16

두칸높은 협공, 두칸 뛰기부터

그림 1 두칸높은 협공에서 파생한 유행정석의 하나.

백4로 두칸에 뛰었을 때 흑이 즉각적으로 5에 붙이는 상하분
단책은 노리는 점이 흑9로 끊
어 모양을 갖추려는 것이라고
앞에서 설명하였다.

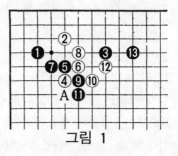

그림 1

이것에 대해 백은 10, 12로 모
양을 정비하는데 그 다음 흑A
로 꼬부려 백4의 한 점을 몬다
면 백은 3의 오른쪽에 젖혀 흑

한 점을 제압하여 간명하게 일단락이 이루어지는데 이것은 기본형
이다.

그러나 흑A로 백4의 한 점을 제압하면 흑3 한 점이 잡힌다는
관계는 어쩔 수 없는 인과이긴 하지만 경우에 따라서는 이를 거부
할 수도 있다.

앞 그림에서 오른쪽을 중시한다면 3의 한 점을 구출하는 흑13
은 흑9로 끊은 취지와는 다르다고 할지라도 극히 자연스러운 조치
라고 하겠다.

그러면 백도 거기에 맞서 4의 한 점을 구출해서 싸워야 한다는
것. 이것도 피할 수 없는 인과라고 하겠다.

그림2 그 구출 방법은 백1
의 곳 희생타를 던지는 것인데
흑2로 나올 수밖에 없으므로 백
3에서 5라는 자연스러운 움직임
으로 빠져 나올 수가 있다.

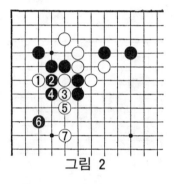

이것은 공인된 상형. 백1은
맥이어서 이러한 형에서는 그 적
합성 여부야 어떻든 상형이다.

그림 2

그림3 그러나 A의 희생타를 둘 필요없이 직접 백1로 끌어나가
는 방법도 있다.

희생타를 두면 한 점은 손해
이지만 타협이 온건하게 이루어
지는데 희생타 한 점마저 아껴
서는 위험률도 높게 된다.

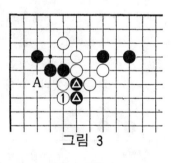

이 백1은 닥치면 적을 찌르
긴 하지만 자기도 상처입을 위
험성은 각오해야만 한다.

그림 3

●의 두 점은 그림2의 상형에서는 무용지물이지만 그림3이 되
면 이야기는 달라진다. 흑은 ● 두 점을 발판으로 싸울 것은 당연
하다.

그런데 흑은 어떻게 싸울 것인가?

그림4 흑1은 안전하지만 그만치 박력이 없어 상대방도 안심시킨다.

그림5 계속해서 백2, 4부터 6으로 흑7을 독촉하여 8로 지킨다. 피차 불만이 없는 갈림인 것처럼 보이면서 귀에 수가 있다.

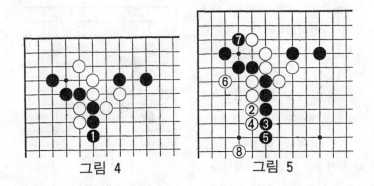

그림 4   그림 5

그림6 백1 치중했을 때 흑이 즉각 4의 곳을 막는 것은 백5의 젖힘수가 있으므로 흑2를 먼저 하고 흑4. 백5, 7로 흑 한 점을 잡는 것이 선수이므로 흑이 약간 손해다.

그림7 따라서 다소의 불안은 있을지라도 전의를 불러 일으켜 흑1로 두점머리를 두들긴다. 백의 응수는 A와 B의 두가지.

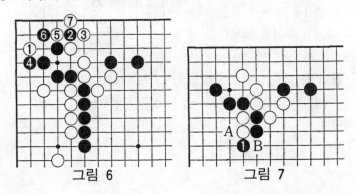

그림 6   그림 7

그림8 백1. 우형의 탈출이지만 그림3의 뜻을 계승하려면 불가피하다. 흑2로 압박하면 백3. 긴박한 공방전이지만 등 뒤의 적의 그림자를 보면서 싸우는 백보다 진퇴가 자유자재인 흑의 공세.

그림9 한꺼번에 밀어 넣자는 흑4. 그러나 백5, 7의 호구벌림이 탄력이 있는 수이다.

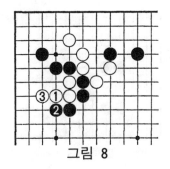

그림 8

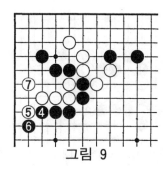

그림 9

그림10 흑8 단수에 백이 태연히 9로 이으면 흑은 태세를 재정비하기 위해 10으로 이어야 한다.

그러면 백11. 공수겸비한 이 일착으로 이제까지 공방전을 방관하던 등 뒤의 흑이 순식간에 활로를 잃는다.

그림11 뒤늦게 흑1 해도 백2에서 6으로 먹여치고 12까지. 흑13으로 빅이라고 생각해도 백14가 결정적인 치중수.

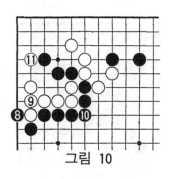

그림 10

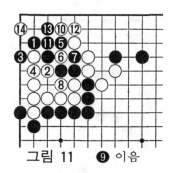

그림 11 ❾ 이음

그림12 그렇게 된다면 그림10의 흑10을 생략해서 바로 흑1로 수상 전하는 것은?

백2, 4 두 군데를 끊어 흑이 수습할 수 없다.

그러면 흑의 올바른 응수는?

그림13 흑1로 늦추어 숨돌릴 틈을 만드는 것이 현명하다.

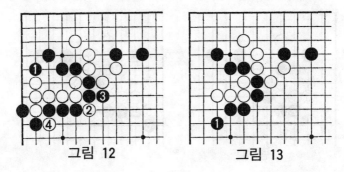

그림 12   그림 13

그림14 그렇게 구축하면 백은 살려고 스스로 움직이지 않으면 안된다.

백2로 달리고 6으로 달린다. 그에 따라 흑은 저절로 견고해진다.

그림15 흑9부터 13까지 서로 삶. 귀에 백으로부터의 수단은 없다. 백A에는 흑B. 흑C, 백D가 듣고 있어 안정된다. 이것은 백의 취향이겠지만 흑 우세.

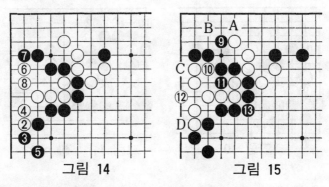

그림 14   그림 15

그림16 다음에 백 1로 끊는 수. 이것은 축이 유리하지 않으면 둘 수가 없다.

미개발의 형이므로 가장 자연스러운 형을 들기로 하자.

그림17 흑 2에는 백 3을 두고 5.

계속해서 백 7이 모양. 아직 윤곽은 뚜렷하지 않지만 쌍방에게 무난한 수습일 것 같다.

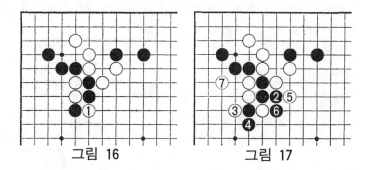

그림 16   그림 17

그림18 흑 8부터 10을 들게 하고 12에 백 13까지는 외길수.

흑 14로 백이 괴로울 것처럼 보인다.

그림19 그러나 백 15 꼬부림에 흑A의 막음이 백B에 끊었을 때 축이 불리하여 흑 16으로 늦춘다면 백 17로 살고 흑도 18로 활로를 뚫어 일단락.

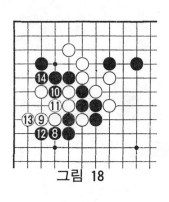

그림 18

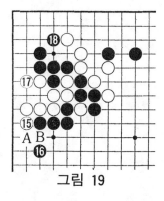

그림 19

한칸 협공 두칸 뛰기

한칸으로 협공당하면 한칸으로 뛰고 두칸으로 협공당하면 두칸으로 뛰라고 초보자들에게 가르친다.

이 사고방식은 초보자에게만 한한 것이 아니라 프로기사에게도 마찬가지로 적용되는데 협공당했을 때의 공식이라고 해도 무방하다.

그림 1 흑 3의 한칸 협공에 백 4의 두칸 뛰기는 앞의 공식에서 본다면 위법이어서 좋은 결과를 기대할 수가 없다.

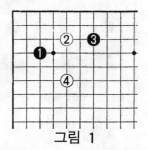

그림 1

이브는 사탄의 꼬임을 받고 금단의 열매를 따먹었기 때문에 낙원에서 추방당했다. 계율을 깨뜨리면 어떻게 될 것인가? 그에 마땅한 벌은 각오해야 한다.

구체적으로 두칸 뛰기의 벌을 나타내보자.

그림 2 흑1로 붙여 정면에서 흑이 지나치게 뛴 점을 책망한다.

백은 어떻게 할 것인지 순간적으로 난처해진다.

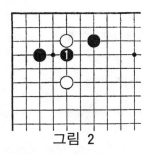

그림 2

그림 3 백1 젖힘에는 흑2.

이하 자연스러운 진행으로 흑6까지.

이 그림은 실리라는 면에서나 외세라는 면에서나 흑이 우세임은 움직일 수 없는 사실이다.

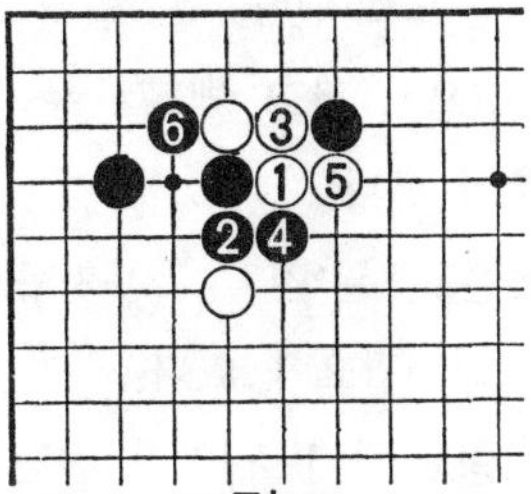

그러나 그것을 충분히 알면서도 오히려 금단의 두칸 뛰기를 감행한 데에는 그만한 대비책이 있기 때문이라고 보아야만 한다.

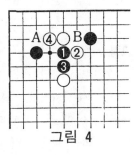

그림 3

그 대비책은 무엇인가? 우선 그것을 살펴 보기로 하자.

그림 4 흑1 붙임수에 백2. 그리고 흑3. 여기까지는 그림3과 같은데 다음의 백4가 의외의 변화이다. 백4의 곳 뻗음은 그림3에서는 흑이 막아서 실리가 컸던 곳.

여기가 쌍방의 필쟁점이라 할 곳이다. 이에 대해 흑A는 백B로 되어 귀가 삭감되므로 그림3의 우위성이 뚜렷하여진다.

착상의 비약이라고나 할까? 이을 곳을 잇지 않는 의외의 뻗어나옴. 물론 앞의 두칸뛰기와 호응하는 속임수이다.

흑은 어떻게 응할 것인가? 그 태도에 따라서는 금단의 과실도 이익이라는 결과가 초래될는지도 모른다.

그림5 흑1로 끊는 한 수. 귀가 침식당한 데다 여기까지 백이 이으면 견딜 수 없다.

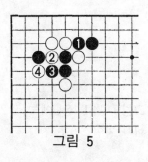

그림 5

백2로 상대의 형을 파괴하면서 공배메움을 노린다.

흑3으로 막고 백4로 끊어 치열한 싸움이 된다.

좁은 곳은 진퇴가 부자유스럽다는 위험도 있으므로 납득될 때까지 읽을 필요가 있다.

그림6 흑1로 막아 간단히 백 석 점이 잡힐 것 같다. 백2에 흑3.

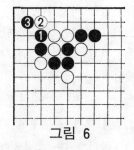

그림 6

무용의 저항은 그만두라고 하고 싶은 싸움이지만 흑이 읽은 것은 이 다음.

그림7 백4로 이었을 때 5로 단수하고 7로 도망하면 백은 어쩔 수 없으리라고 본 것이지만 실은 그림6일 때 승부는 이미 결정이 났다.

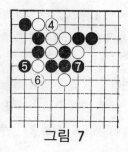

그림 7

백이 노리는 것은 그러한 상식적인 것은 아니었다. 여간해서는 주의가 미치지 못하는 한 수이다.

그림8 백 1 로 끊어 단수한다. 흑 2 로 단수하면 후속수단이 없으리라 생각된다.

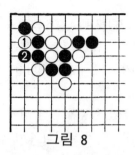
그림 8

그림9 하지만 백 3 이 마련해 둔 귀수.

흑 A 로 한 점을 따면 백 B 의 축으로 흑 석 점이 잡힌다. 악수가 되어야 할 두칸 뛰기가 여기에 이르면 오히려 찬란하게 빛을 발한다.

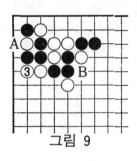
그림 9

어째서 이런 결과가 되었을까?

물론 백은 기회를 잡았지만 좋은 방법은 못된다. 잘못은 자승자박으로 흑에게 있었다.

올바른 착수를 구하기 전에 흑의 악수를 반성해보면 그림6 흑 1. 이 수로는……

그림10 흑 1 로 뻗은 다음에 A 를 본다. 결과적으로는 잡힐 돌이지만 올바른 태도.

그림11 백 2 할 수밖에 없다. 계속해서 A 와 B 를 맞본다. 흑 3 이 이 경우의 호수. 이것으로 쌍방의 다음 수순은 결정되었다.

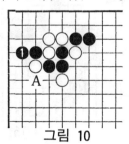
그림 10

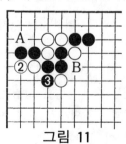
그림 11

그림12 백4, 6으로 두 점을 몰아서 살 때 흑5, 7로 외벽을 봉쇄하면 이 외세는 전국면을 위압할 만큼 강대하다.

한칸 협공에 두칸 뛰기. 역시 손대어서는 안 될 금단의 열매에 손을 대었기 때문에 천벌이 내렸다.

그림13 그렇다면 흑이 붙여서 조이는 수를 피하여 백2로 뻗을 수는 없을까?

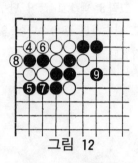

그림 12

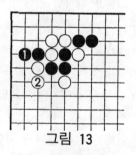

그림 13

그림14 그러면 흑3으로 나와 상대방에게 단점을 만들어 놓고 5로 몬다.

백6으로 흑을 잡을 수는 있지만 흑도 초개같이 죽을 수는 없다. 일단 7로 꼬부려 백8하면 9로 귀부터 조여붙인다.

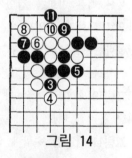

그림 14

그림15 이번에는 13으로 끊어 변쪽에서 조여붙인다. 이하 21까지가 예상되는 진행도.

양쪽에서 이처럼 조여붙임수를 당해서는 견딜 수가 없다. 그림12와 거의 같은 결과여서 역시 금단의 열매에 손을 댄 벌이 내리는 것이다.

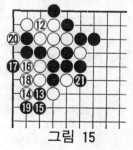

그림 15

한칸 협공, 배후의 붙임부터

그림1 한칸 협공에서 파생한 형. 협공당한 백이 협공한 흑에게 4로 기대어서 6으로 서는 형은 실전에 아주 흔하다.

다음에 흑7로 치받는 것은 필연적인 것이며 여기서 백은 A의 약점을 어떻게 보완할 것이냐라는 문제에 직면한다. 이 문제에 대해서 백의 태도결정이 여기서의 핵심이다.

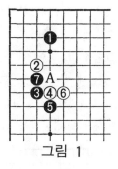

그림 1

그림2 보강수단으로서는 백1로 서는 것이 일반적. 그러나 흑A로 나오면 여전히 상하의 백은 연락이 되지 못한다. 그렇다고 해서 그것이 당장 백이 파멸이라는 것은 아니다.

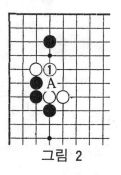

그림 2

그림 3 흑 1로 뚫고 나오면 백 2로 막고 이하 백10까지는 상용되는 진행이라고 알려졌다.

백은 귀를 크게 차지하였다. 한편 흑은 중앙의 백 넉 점에 대한 공격태세를 갖추어 거기에서 발생하는 이익을 취한다.

그림 4 또 흑이 귀를 중시한다면, 흑 1로 A의 단점을 노리는 수도 있는데 백은 2로 그 단점을 방어하면서 4의 곳에 전환하여 피아의 급소를 점유한다는 것, 이것도 하나의 정석이다.

이것으로 정공법은 알았는데 이번에는 속임수를 알아보자.

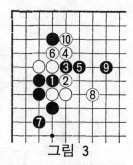

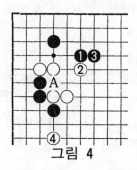

그림 3   그림 4

그림 5 백 1에 모씌움하여 엷은 맛을 보완하는 방법도 있다. 흑은 A로 끊어 싸울 수는 없으므로 변을 기게 된다.

변을 기는 것은 물론 실리를 취하는 것이다.

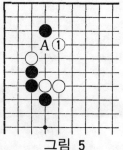

그림 5

그러나 돌의 발전력이라는 점에서는 상대방에 뒤떨어지며 원칙으로는 예부터 제삼선이 실리와 세력의 균형선이라고 일컬어져 왔다.

그러나 제삼선이 균형을 취한 선이라고 할지라도 기는 쪽은 한번 기는 데에 두 집이 불어날 뿐이므로 빨리 기는 상태에서 빠져나오려는 마음가짐이라야만 한다.

그림6 소목과 외목이 대치한 형에서 생겨나는 기본정석의 하나이다.

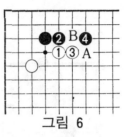

그림 6

외목 쪽은 백1로 씌우는 권리를 언제나 지니고 있으며 소목 쪽의 흑은 백1의 공격을 항상 경계하고 있지 않으면 안 된다.

이를테면 백1의 씌움은 백이 바라는 때에 행할 수 있다는 증거이다. 흑4까지가 상형인데 그다음 A할 것인가, B할 것인가도 백의 권리이다.

그렇다면 앞페이지 그림5 백1은 진행된 다음의 상태에서 보면 일반적인 것이 못되지만 변에 관한 한에서는 계약이행을 독촉하는 정공법이다.

거기에 씌움을 당해도 가운데 백의 세력권이 특별히 커지는 것도 아니므로 흑은 차라리 그림6을 택한 것이다.

그림7 계약이 완료된 모습이다. 흑은 얼른 보아 양쪽을 견실하게 두고 있는 것 같지만 실은 이 그림이야말로 백이 노리던 형이기도 하다.

그림8 백1부터 3으로 공격에 나섰다.

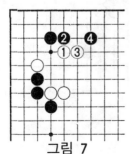

그림 7

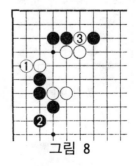

그림 8

그림9 흑 1 막음수에 백 2로 끊고 흑이 끊어 온 백2를 3, 5로 잡는 원칙은 백 4, 6으로 흑 한 점이 축이 되므로 문제 밖이다. 이러한 모양에서 잡히는 것은 대체로 좋지 않다고 생각해야 한다.

그림10 그래서 흑 3 잇고 그사이 백은 4, 6으로 귀를 향해 뻗는다. 귀는 마술적인 곳이어서 결전장이 되기 마련이다.

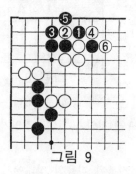

그림 9

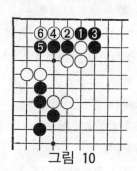

그림 10

그림11 흑 1로 백의 머리를 누를 수밖에 없다. 그러면 백2로 맞끊고 4로 뻗는다. 흔히 쓰는 두 점으로 키워서 버리는 작전인데 이 장면에서는 흑도 여유가 넉넉할 것처럼 보였다.

그림12 백 1 이하 계속 수를 조여서(백 3은 백 1의 좌상 먹여치기, 흑 4 따냄, 흑 6 이음) 백 7까지 수상전은 백이 이긴다.

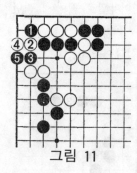

그림 11

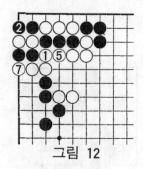

그림 12

　이러한 결과가 되면 소급하여 올라가서 그림 5 백 1 의 성공을 인정하지 않을 수 없다.

　그림13 한걸음 늦는다는 불만은 있지만 한번 더 기었어야 할 곳이다.

　그림14 이번에는 백 5 로 단점이 방어된다.

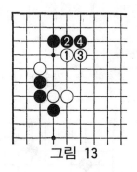

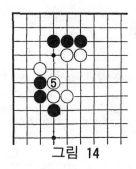

그림 13　　　　　그림 14

　그림15 그러면 흑 1 , 3 이 일책이고 백도 4 , 6 으로 그 보상을 다른 곳에서 구한 형이어서 쌍방이 불만은 없다.

　그림16 또 흑 1 의 곳을 지켜 앞에서는 잡혔던 두 점의 안전책을 강구할 수도 있다. 이 경우 백 2 , 4 로 되는 갈림이 예상된다. 백 A는 거의 선수여서 흑B의 응수가 필요하다.

　양쪽 그림 다 피차 불만이 없는 갈림이라 하겠다.

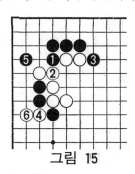

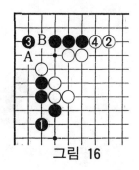

그림 15　　　　　그림 16

한칸 협공, 날일자 씌움부터

한칸 협공은 이백여년 전 일본의 에도시대부터 두어졌던 굉장히 오래된 전투형이다.

이 형의 특징은 협공한 쪽이 가깝기 때문에 급전의 양상을 띠기 마련인데 그만치 숨돌릴 여유가 없으며 귀에 승패를 거는 색채가 농후하다.

물론 치열한 백병전이 벌어지는 만큼 미온적인 수는 금물이며 역사적으로 오래된 형이어서 여러가지 진기한 수, 기수가 대단히 많이 나와 있다.

그림 1 그 대표적인 기수의 하나다.

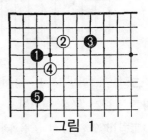

그림 1

백 4 씌움에 흑 5 로 두는 것이 좋지 않음은 예로부터 문제되어 왔다.

이 수가 무엇을 기대하고 있는지 그 노리는 점을 분석하기 이전에 정공법을 알아보기로 하자.

그림 2 한칸 협공에서 맞끊는 정석이
며 기본형 중의 기본형이어서 맞끊음은
이것을 참고로 한다. 이처럼 훌륭한 수
가 있음에도 불구하고 이를 택하지 않
고 굳이 다른 수법을 택한 이유는?

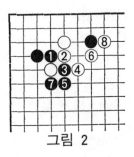

그림 2

그림 3 또 초반전의 태도로서는 의
문도 있지만 이하 변을 기는 것도 가능
하다. 그런데 왜 엉뚱한 수단을 채용했
는가?

의문은 계속 일어난다. 강력한 수라
고 보아야 할까? 약한 수라고 도외시
해야 할 것인가? 정체는 불명이지만
정상적인 수단이 아니라는 점에서 충
분한 경계를 요한다.

그러면 그 수단을 분석해보자.

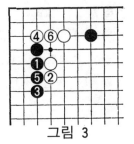

그림 3

그림 4 백 1로 우선 차단한다. 너무
나 평범한 수지만 상대방을 양분시켜
나쁘다고 할 수는 없다.

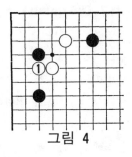

그림 4

그림 5 흑 2로 나오고 4, 6 젖혀이
으면 백5, 7. 초지를 관철하는 분단작
전이다. 그순간 흑 8로 백을 분단시키
는 반격.

의외로 어렵게 되어 백은 당황한다.
흑 8을 백은 어느쪽에서 단수할까?

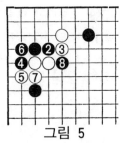

그림 5

68

그림6 백1쪽에서 몰지 않으면 안된다는 점은 알 것이다. 계속해서 백3. 이제야말로 귀의 흑을 잡지 않으면 살길이 없다. 그리고 이 백3으로 귀에서의 수상전은 유리하다는 점이 확인된다.

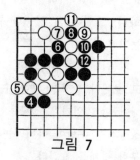

그림 6

그림7 흑은 그러나 귀의 생사 따위는 문제삼지 않는다. 4를 들게 해서 6. 8로 끊고 12까지 조인다. 무엇을 읽고 있는지 이제 확실해졌다.

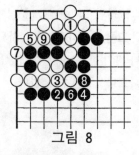

그림 7

그림8 흑2, 4부터 귀는 다시 한 수를 다투는 격전이지만 백9로 드디어 승리하였다. 그러나 흑은 철의 외벽을 구축했다.

쌍방의 돌수는 같은데 백의 집은 18집 정도이므로 흑의 철벽에는 미치지 못한다. 자신도 모르는 사이에 흑의 권모술수에 완전히 빠진 백의 모습이다.

그림9 그렇다면 그림6 백1 대신이 백1은 어떨까? 좋은 수는 아니지만 앞에서처럼 흑의 권모술수에 빠지지 않으려면 하는 수 없다.

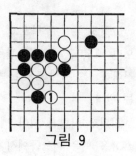

그림 8

그림 9

그림10 백1에는 흑2 역시 후퇴할 수 없다. 백3은 좋은 수지만 흑4 이하 10까지 백이 큰 손해다. 그러나 그림8 흑의 철벽에 비하면 훨씬 낫다.

백9로 따내지 않고 10으로 꼬부리는 것은 흑A, 백9, 흑B로 이 뒤의 수습이 불가능하다.

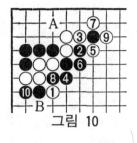

그림 10

그림11 그림10 5의 수로 귀를 잡으려는 방침의 변경은 흑6 이하 20까지 목적은 달성하지만 사태는 한층 더 악화된다.

처음에 이 속임수를 옛날부터 있었던 형이라고 소개하였다. 실전에서는 太田雄藏과 桑原秀策의 두점대국에 나타났었다.

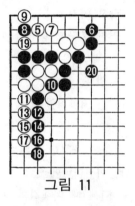

그림 11

雄藏은 당시 기계의 4강 중에서도 첫째로 손꼽히고 있었으며 37세의 전성기였으며 秀策은 처음으로 알려지기 시작한 신진으로 당시 겨우 13세의 소년기사였다.

秀策은 어전대국에 데뷔하고 나서 공식시합 19연승의 놀랄만한 기록. 후년의 道策과 나란히 기성(碁聖)이라 일컬어지며 추앙을 받았고 고향인 히로시마에서는 천하의 삼위인이라 하여 커다란 자랑거리였다.

스승인 秀和를 능가하는 기력이면서도 결코 백을 쥐려고 하지 않았으며 효행 또한 놀라워 참으로 예의가 지극했는데 콜레라에 걸려 33세의 젊은 나이에 세상을 떠났음은 애석한 일이다.

70

太田雄藏은 순수한 에도(江戶 : 지금의 東京) 출신. 외목을 주요전법으로 삼았다는 점에서 道策과 같다. 출신은 물론 에도 출신일 뿐 아니라 성격도 에도나기답게 활달하였고 천하의 미남자였다고 한다. 흰 얼굴에 붉은 입술, 수려한 눈썹, 맑은 눈동자, 새까맣고 숱이 많은 두발이라고 고서에 표현되었다.

어전대국의 시대는 7단에 이르면 막부로부터 은급을 받고 그대신 머리를 깎아 중머리처럼 하게 되는데 이것이 프로기사 최고의 명예라고 여겨졌다.

그러한 7단에 승단할 때 雄藏은 뱃심좋게 의외의 저항을 하였다. "막부의 은급은 바라지 않는다. 어전대국에 출전하지 못해도 할 수 없다. 단, 중모양으로 머리를 깎지 않고 7단으로 승단하고 싶다."는 저항이었다.

雄藏의 기력은 이미 7단의 경지를 넘어섰었다. 그의 이 뱃심좋은 주문은 유일한 예외로 허가받아 그후 雄藏은 머리를 깎지 않은 7단, 어전대국에 출전하지 않은 7단으로서 재야 기사의 길을 열었고 51세 때 여행길의 이슬로 사라졌다.

본론으로 돌아와서 속임수의 대항수단을 추구하여보자.

먼저 실전에 나타났던 응수부터 살펴보자.

그림12 백1에 흑2, 그때 차라리 3, 5로 전환한 것이다.

중앙에 雄藏의 대세력권이 형성된 중반전 후반의 국면으로 秀策이 여기를 선수로 끊어올리고 중앙의 삭감에 전환하려는 상황을 머리에 그려두

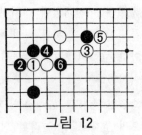

그림 12

는 것이 이 그림을 이해하는 조건이 될 것 같다.

그림13 백1로 일단은 막았어도 흑 2에 오고 4로 젖히면 백5로 착실하 게 꽉 잇는다. 이것이 호수.

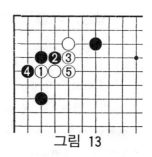

그림 13

그림14 계속해서 흑1로 귀를 지키 면 방향을 전환해서 백2로 씌우고, 흑3으로 뛰면 4로 뚫고 6으로 되돌 아선다. 상식적인 진행이지만 이 그 림은 백이 약간 유리한 갈림이다.

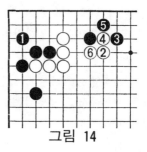

그림 14

그림15 秀策의 수단을 빌려서 백1 도 효과적. 흑2라면 백3 이하 9까 지 진행하여 백에게 이익이 인정된 다. 수순중 백5로 공배를 메우는 것 이 중요. 흑6을 강요하여 백7을 둘 수 있다.

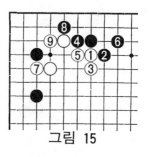

그림 15

그림16 실전(그림12)의 수순 중 흑 2 젖힘에는 부분적으로 한정한다면 백3으로 문제될 것이 없다. 3의 곳 은 흑이 나오고 싶은 곳. 그곳을 먼 저 착수하여 7까지 되면 흑은 위치 가 낮은 제2선을 세 번이나 긴 비 세가 뚜렷해진다.

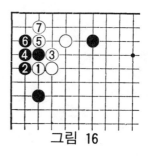

그림 16

한칸 협공, 되협공부터

그림 1 흑 3의 한칸 협공에 백4로 되협공한 장면.

보통은 한칸으로 협공당하면 협공당한 쪽은 즉각 A의 한칸으로

뛰거나, B로 씌우거나, C로 붙이거나
해서 명확한 태도로 응답하는데 이 백
4는 그 태도가 막연하다.

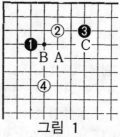

그러나 그렇다고 해서 백4를 속임수
라고 단정하기에는 얼마간의 저항도 느
껴진다.

그림 1

같은 곳에 되협공하는 방법은 두칸

높은 협공에서도 보였었는데 이들 같은 종류의 착상은 양동작전의
하나로 여겨진다.

그런데 백4로 되협공했을 때에 흑이 생각할 수 있는 응수는 두
가지가 있다.

그림2 하나는 흑1. 다음에 백에게 1의 곳에 씌움을 당해서는 견딜 수 없다. 그래서 그 필쟁점에 선착해서 오히려 위아래의 백을 위협한다. 일리있는 수다.

그러나 그것은 찬성할 수 없다.

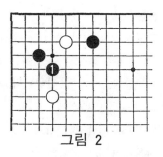

그림 2

그림3 백2로 반대쪽에 붙여서 흑3에는 백4. 그러면 흑5로 나오지 않을 수 없으므로 6이하 상투수단으로 흑 한 점을 수중에 넣는다.

이것은 백이 멋지게 수습된 형.

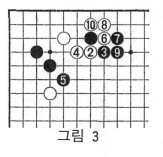

그림 3

그림4 따라서 어쨌든 흑1로 붙이고 본다. △가 있기 때문에 흑A로 유인당했다. △가 없으면 당연히 흑1로 준엄하게 붙인다는 것은 기본적인 사고방식이다.

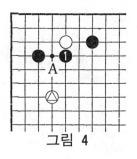

그림 4

그림5 흑1로 붙이고 이하 8까지는 한칸협공에서의 손빼기 정석인데 요점을 설명하면, 백2로 끼우는 것은 흑의 포위선에 A의 단점을 남겨놓자는 것인데 그 백2를 가능하게 하는 조건은 흑3으로 4의 곳에 반발하면 백3, 흑6, 백5로 흑1을 축으로 잡는 것이다.

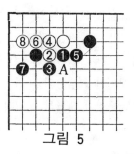

그림 5

74

본론으로 돌아와서

그림6 기본적인 흑1의 붙임수에 대
해서 백2로 끼우고 흑3에는 4로 잇
는다. 쌍방, 예정된 진행이다. 단 이 다
음 흑은 ⓐ가 배후에 와 있다는 사실
에 주의를 기울여야 한다.

계속해서 상투수단이 흑5. 나쁘지
는 않지만 상당히 문제되는 수이다.

그림7 백은 배후의 ⓐ와 호응해서
A의 상투수단이 아니라 1로 끊는 강
경수단이다. 포위망에 약점이 있는 흑
은 어떻게 응할 것인가?

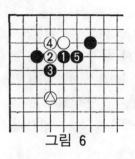

그림 6

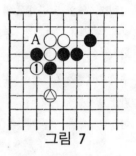

그림 7

그림8 흑2로 백 석 점을 잡으려는
것은 너무 지나치다. 같은 모자라도 맞
는 모자와 맞지 않는 모자가 있는데 이
모자는 맞지 않는 모자.

백3 내림이 급소의 맥이고 흑4에는
백5. 다음 흑A로 넘지 않으면 구출되
지 못한다.

그림9 또 백3으로 준엄하게 두점
머리를 두들기는 것도 가능하다. 흑4
에 백5로 끊는데 이것은 금단의 열매
59페이지 그림8과 마찬가지여서 흑의
분열증상이 대단히 무겁다.

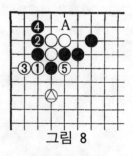

그림 8

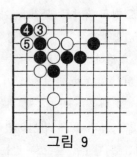

그림 9

그림10 따라서 귀를 버리고서 두는 것이 최선이다. 단, 어떻게 버리느냐 하는 방법이 문제인데 흑 1 단수하고 3으로 이어 5로 한 점을 제압하는 진행은 백의 실리가 크고 흑이 견고하다는 것뿐이므로 손해가 분명하다.

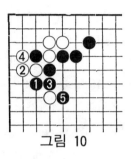

그림 10

그림11 여기서는 흑 1로 내려 두 점으로 키워서 버리는 것이 최대, 최선책이다.

백 2로 온건하게 뻗어서 두 점을 손쉽게 수중에 넣은 것처럼 생각하겠지만 흑에게도 수단이 있다.

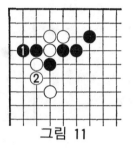

그림 11

그림12 흑 3의 속수로 사지를 탈출하고 4는 5로 지키고 7로 끊는다. 백 8부터 14까지는 거의 외길수. 계속해서 흑15는 공방의 요착. 그러면 백16, 18로 일단락.

이것은 흑으로서는 선전분투한 것으로서 불만없는 갈림으로 이끌었다.

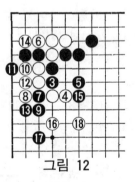

그림 12

그림13 또 이 형에는 함정이 있어서 처음에 백 2로 서두르는 것은 흑3부터 7로 반격당해 백은 불리한 싸움이다.

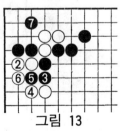

그림 13

그렇다면 올바른 해답은?

그림14 여기서는 상투수단을 피해 흑1로 꽉 잇는다. 이 점이 중요하다는 것은 그림 5의 A, 그림 8의 5로 두 번이나 설명했다.

그림15 계속해서 백2 치받으면 3으로 서고 4에는 5로 호구벌려 지킨다. 7까지가 정석.

백이 귀에서 차지한 실리는 그림 5보다 크지만 흑도 견고한 형으로 ◬를 위압하여 만족이다.

또 흑5로 먼저 막고 백이 흑5의 오른쪽을 먼저 끊지 않은 이유를 설명해 보자.

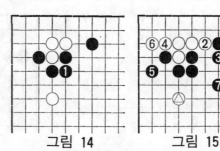

그림 14   그림 15

그림16 ●로 강화된 흑에 대해서 백1로 끊는 것은 이번은 흑2의 형으로 버티기 마련.

백3에는 흑4부터 6. 백7로 이쪽을 젖히는 전심전력의 저항도……

그림17 흑8로 막고 10으로 단점을 보강한다. 백9로 방비하지 않고 백이 중앙으로 뚫고나오는 것은 무모. 흑10 수비에 백11, 13으로 살 수는 있지만 흑은 귀의 실리를 빼앗았을 뿐만 아니라 16으로 들여다보는 수순부터 백을 공격하는 좋은 태세여서 흑의 우세는 움직일 수 없다.

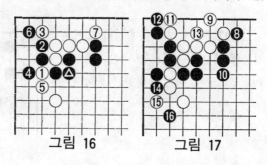

그림 16   그림 17

소목 한칸높은 걸침부터

그림1 소목과 고목의 대항전에서 생겨난 형.

흑3으로 한칸에 협공당한 백이 4로 중앙으로 마늘모하는 형은 실전에 허다하게 나타난다.

백4의 의미는 흑A의 넘어감을 견제하면서 다음에 B의 붙임수
와 C의 씌움수를 맞보는 것. 보는 바
와 같이 위치가 높으므로 그러한 자유
로움은 높이 평가할 만하다.

백4가 흑의 넘어감을 방지하고 있다
는 점을 참고로 살펴보자.

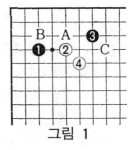

그림 1

그림2 흑1에는 백2로 차단하고 흑
3에 백4.

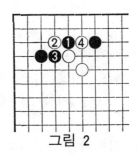

그림 2

78

그림 3 계속해서 흑 5에 6이하 12까지가 진행된다. 흑13으로 백14가 강요당하는 것은 쓰라리지만 그다음 흑A로 내려서면 백B로 C의 맥이 유발당하므로 두어서는 안 된다는 것은 옛 정석에서 가르치는 점이다.

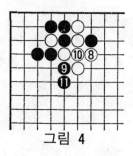

그림 3

그림 4 다만 그 수순 중 주의하지 않으면 안 될 것은 그림 3의 백8로 잘못하여 이처럼 그림4 8의 곳에 막는 것과의 차이는 말할 것 없이 흑9, 11이 크고 백이 흑 한 점을 수중에 넣었다고 할지라도 함정에 빠진 결과가 되므로 주의해야 한다.

그림 4

이제까지 그림 1 백 4가 흑이 넘어감을 방지함을 이해하였다. 그 백 4에 대한 흑의 태도는……

그림 5 흑 1로 벌려서 백의 동정을 살피는 것이 보통이다. 백은 의당 그림 1에서 본 것처럼 맞보기의 수단으로 나올 것은 물론이다.

그림 6 백2라면 흑 3부터 5로 넘어 다음에 A의 맞끊음수를 보는 것이 비교적 새로운 사고방식이지만 이것은 참고로 덧붙였을 따름이고 본 문제의 속임수와는 상관이 없다.

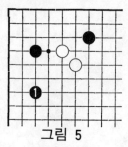

그림 5

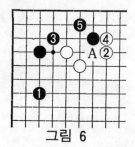

그림 6

그림7 맞보기수단의 다른 하나는 백 2로 붙이는 수단이다. 이 수는 흑의 넘어감을 견제한 마늘모와 흑1의 교환이 없어도 둘 수 있다는 것은 널리 아는 사실이지만 쌍방이 서로 보강하고 나서 백2가 오면 두는 방법이 대단히 선명하여진다.

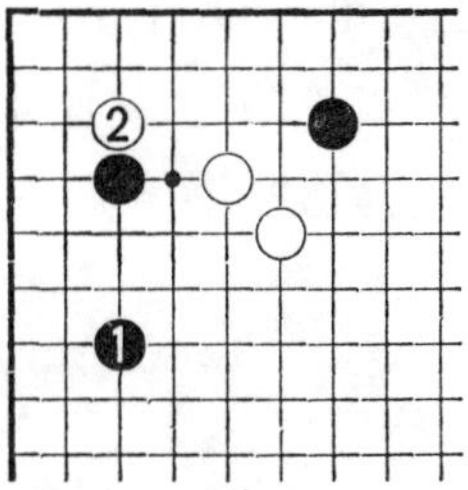

그림 7

그림8 어찌 되었든 흑3으로 젖히는 한 수이다. 백4 이하도 거의 외길수여서 이하 14까지, 백은 2의 한 점을 희생하여 모습을 갖추고 실리와 세력의 대항전으로 이끌어 간다. 물론 이것도 정석이다.

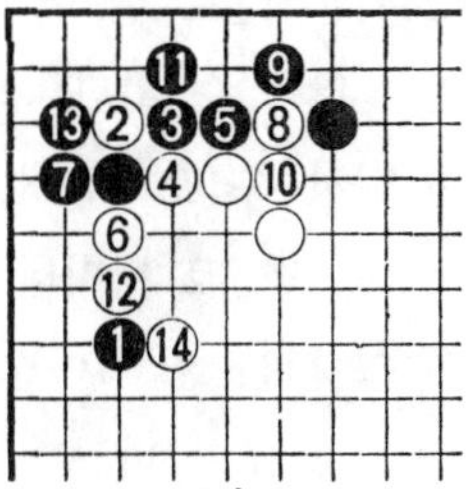

그림 8

그런데 이 형에서의 속임수인데 그것은 그림 8 백6의 수로 변화시키는 수단. 앞에서의 외길수라고 말했지만 주의해서 보면 묘한 수가 있다.

그림9 백1의 곳에 착수하는 것이 그것이다. A의 단수가 선수인데도 불구하고 오히려 그 권리를 포기한다.

흑은 순간 여우에라도 홀린 것 같은 기분이 들 것이다. 그러나 백A라면 흑은 정석의 테두리를 넘을 수가 없지만 이 백1이라면 일거에 우세한 지위를 점유할 수 있을 것도 같다.

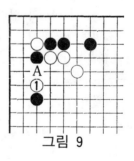

그림 9

여기는 기회.

'상대방은 정석을 모르는 것 같다. 한 방 먹여줄까?'하고 벼르는 것이 대체적인 심리일 것이다.

그림10 '기회가 왔다.'하고 흑2 치받는 것은 얼른 보아 서로의 급소인 것 같다. 백3의 후퇴에 흑4로 넘었다.

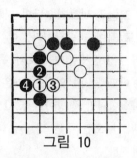

그림 10

그림11 백1로 한 번 끊으면 흑2로 지키지 않을 수 없다. 백3으로 단수당하면 다시 흑4로 지키는 수를 생략할 수 없다. 백5로 빵따내고 말았다.

이 그림11을 앞페이지 그림8의 정석과 비교해 보기 바란다. 그림8에서는 흑1은 아직 살아 있지만, 그림11에서

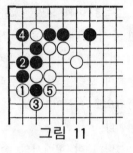

그림 11

는 여지없이 죽었다. 그 차이만으로도 백의 세력권이 강화되었다.

'한 번 해보자.'하고 힘껏 반발한 흑은 이렇게 되면 오히려 큰 충격. 돌뿐만 아니라 심리적으로도 우선은 몹시 당했다.

그렇다면 정석에서 벗어난 그림9의 백1에는 어떻게 응전하는 것이 올바른 태도인가?

그림12 함께 흥분하지 말고 잠자코 흑2로 내려선다. 이것이 올바른 해답이다.

이를 의아스럽게 생각하는 사람도 많을 것이다.

그렇게 되면 백A, 흑B, 백C로 그림8의 정석으로 환원되는 것이 아닌가 하고 의아하게 생각하기 십상이다.

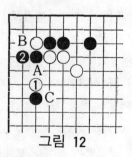

그림 12

바로 의아스럽게 생각하는 그대로인데 그것은 어쩔 수가 없다. 이 그림9 백1은 흑에게 강압적으로,

"평범하게 두면 피차 불만없는 갈림길. 그대에게 손해가 없지만 욕심을 부리다가는 그대의 손해일 따름. 적당히 타협하는 것이 어떤가? 미스터 흑."

하고 타협안을 제출하는 것 같은 느낌을 준다.

잘하면 적이 함정에 걸려들고 적이 눈치를 챈다면 정석으로 되돌아 가므로 밑져야 본전식으로 손해가 없는 속임수이다.

단, 무조건 되지는 못한다. 그림11 백1, 3으로 흑 한 점을 모는 축. 그 축이 유리한가 불리한가가 관건이라는 점을 깨닫기 바란다.

이러한 조건은 이밖에도 있다.

그림13 모형은 한칸 높은 협공, 맥에 대한 문제로 곧잘 인용된다. 이곳이 백8이 밑져야 본전식의 속임수. 백8이 흑9를 유인하면 이하 18까지의 조임수가 성공이고, 흑이 이 속임수를 알아차려서……

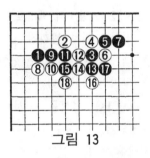

그림 13

그림14 흑9로 서도 12까지 정석의 진행으로 돌아가므로 참으로 손해없는 속임수이다.

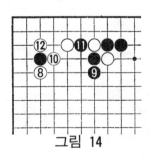

그림 14

소목 한칸높은 걸침부터

그림 1 소목과 고목이 대치한 형에서부터 파생한 이상전투형의 하나. 예로부터 속임수의 정석으로서 악명이 높은 전형이다.

그러나 백 3 협공에 흑 4 로 붙이는 것은 대표적인 정석의 하나이므로 이상할 것은 없는데 다음에 5 로 치받고 7 로 맞끊는 것은 아무래도 이상한 방법이다.

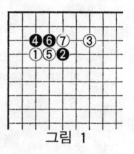

그림 1

그림 2 그림 1의 백 5 로는 보통 이처럼 젖히고 이하 17까지 진행하여 협공한 백쪽에 불만이 없는 형이라는 것은 잘 알려진 사실이다.

그림 1은 정석을 무시한 것이므로 무엇인가 권모술수가 있다고 보아 경계해야 한다.

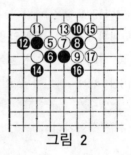

그림 2

그림 3 흑1부터 3, 5의 젖혀이음. 이것은 무사하기만을 기원하는 일념에서 귀에서만 두는 것으로 상대방의 함정에 빠져든 표본적인 경우다.

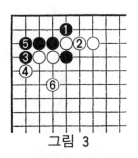

그림 3

그림 4 계속해서 흑1, 3으로 계속 끌고나가 중앙에서 싸우려는 것이겠지만 끌고나간 흑 석 점을 활용할 수 있는 터전을 갖추지 못했으므로 애당초부터 고전을 자초하는 어리석은 행위이다.

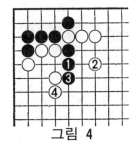

그림 4

그림 5 흑1의 단수는 어떨까?
이것도 백에게는 묘책이 있어 흑이 오히려 고전하게 된다.

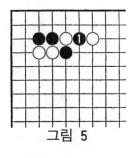

그림 5

그림 6 백2부터 4하면 흑5에 호착이 와서 백6에는 7로 백을 조였다고 생각하겠지만 백8, 10으로 단순하게 탈출하면 흑은 큰 고전이다.

흑1, 3이 무엇때문에 희생해야 했던지 그 보상을 받을 길이 없으면 희생한 돌이 큰 만큼 손해도 크다.

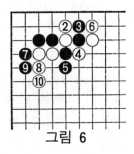

그림 6

84

그러면 백의 권모술수에 대항하는 수단을 강구하여 보자.

그림 7 흑 1로 두점머리를 두들기는 것이 좋은 수. 모략을 분쇄하는 수단이다. 이 수가 있음으로써 그림 1이 움직일 수 없는 정석이 된다.

백 A로 막을 수 없다. 막으면 자멸을 초래한다.

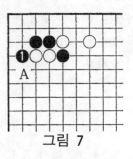

그림 7

그림 8 만약 백 2라면 그때는 흑 3하여 5 이후 진행이 살아난다. 백 6에는 흑 7로 저절로 서게 되어 다음에 A와 B를 맞본다.

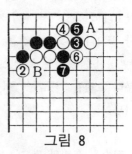

그림 8

그림 9 따라서 권모술수를 쓴 백은 1, 그러면 흑 2, 4 다음 백 5로 일단락을 맞는다.

이 그림은 흑의 실리와 백의 세력의 대항이다. 그런데 원래는 실리를 추구했던 소목 쪽이 세력을 확장하고 세력

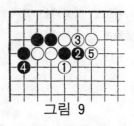

그림 9

을 추구했던 고목 쪽이 실리를 취하여 정반대의 변화를 보였다.

이렇게 되면 그림 1 3, 5의 이상수단도 실리를 세력으로 전환시킨 고육책이었다고 이해된다.

그러나 고육책이라 할지라도 손익관계가 이루어지면 별문제인데 그림은 백이 한 수 더 많다는 점, 축을 당한다는 점을 계산에 넣는다면 비록 권모술수를 농했지만 피차 불만이 없는 갈림 정도로 끝났다.

이렇게 권모술수의 수단도 피차 불만이 없는 갈림으로 끝난다면 모처럼의 노력도 수포로 돌아갔다고 할 수밖에 없다. 그러나 그것은 속단이고, 권모술수를 농할 정도라면 그 정도에 포기하지는 않는다.

그림 1은 말하자면 상대가 어떻게 나오는가 살피는 표면적인 수단이고 내면적인 수단도 아울러 준비되었다.

표면적인 수단이 간파되었음을 알았으면 이번에는 내면적인 수단.

그림10 백 1이 그것이다. 물론 앞 페이지 그림9 백3에 따른 안이한 타협을 거부한 수단.

권모술수가의 면모가 여실히 나타난다.

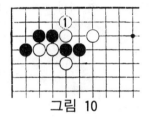

그림 10

그림11 흑 1은 이러한 형에서 상투수단으로 쓰이는 맥.

그러나 이 경우는 통용되지 않는다. 백2로 잇고 흑 3 연락하면 백4로 끊는다.

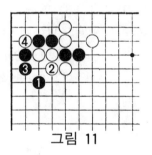

그림 11

그림12 계속해서 흑1로 몰면 백2, 4로 되몰아 기분좋게 조인다. 완벽한 작용이다.

흑5 이으면 백6으로 장문을 씌워 이것은 백의 주문대로 맞아들어갔다.

내면적인 수단이 멋지게 작용했다.

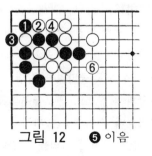

그림 12   ❺이음

86

그림13 흑1로 응전하면 어떨까?

앞페이지의 장문으로 잡힌다는 점을 생각하면 먼저 이렇게 꼬부리고서 다음에 A의 축을 보는 사고방식은 일리가 있다.

그러나 여기에는 못보고 지나간 수가 있다.

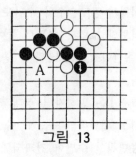

그림 13

그림14 백1로 누르고 3으로 잇는다.

이렇게 되면 귀의 흑의 사활문제가 대두된다.

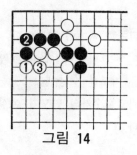

그림 14

그림15 흑1, 3하면 귀의 조임수는 피할 수 있지만 그 대신 백4를 감수해야 하는데 앞페이지 그림12와는 귀의 사정이 다르다. 이것이라면 흑도 참을 수 있다.

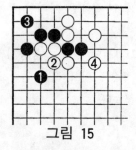

그림 15

그림16 중앙의 흑을 구출하려면 귀의 조임수단은 필연. 흑11, 13이 좋은 맥.

그림15, 16 모두 백의 주문을 거부해서 우선은 불만없는 갈림. 내면적인 수단의 출현으로 권모술수의 면목이 세워졌으며 속임수라는 관사가 앞에 붙은 채로 정석의 자리를 지킨다.

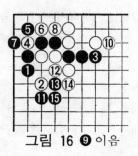

그림 16 ❾이음

한칸 협공, 배후의 붙임부터

그림 1 한칸협공에서 생겨난 전투형의 하나.

발생빈도가 대단히 높아 누구나 경험했으리라 생각된다. 다만 그것은 흑2까지의 이야기이고 백3으로 끊은 것은 혹시 인쇄가 잘못되지 않았나 하고 당황할 사람이 많을 것이다.

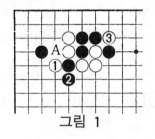

그림 1

백1로 단수하면 흑2 다음에 백A의 곳에 지켜야 한다고 정석에서는 가르친다.

백3은 정석의 가르침을 무시했다. 정석에의 불신이라고 할까, 명백한 도전이다.

무언가 사정이 있다면 모를까, 무턱대고 정석을 무시하는 것은 하늘을 향해 반역을 시도하는 것과 다름없는 태도여서 천벌을 면치 못한다.

그림1이 이루어진 수순을 처음부터 살펴보자.

그림2 흑3으로 한칸협공당한 백이 협공해 온 상대의 돌머리에 4로 기대고 6으로 선다. 흑7 치받으면 백8로 서는 것이 일반적이다.

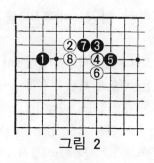

그림 2

그림3 따라서 이 진행은 백2의 한칸높은 협공부터 8까지 진행된 것과 같은 형이 된다.

또 그림2 8의 수로 속임수가 있다는 점은 앞에서 설명한 바가 있다.

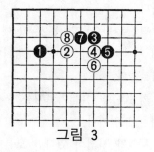

그림 3

그림4 백8이 그것인데 속임수가 간파당해도 그렇게 고전하지 않는다는 것이 결론.

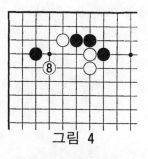

그림 4

그림5 흑1로 나가는 것은 하나의 태도결정인데 이 경우는 7까지 진행된다. 이하 백8은 한 칸 오른쪽에 착수할 수도 있으며 흑9는 중앙 백 넉점에 대한 공격태도. 백10도 정착이다.

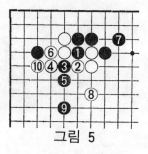

그림 5

그림 6 이상의 수순으로 보면 백1 끊음은 성급하고 우선 4로 지키지 않으면 안 될 곳이다. 그럼에도 불구하고 상대방의 단점을 끊기에만 급급하여 백1은 자신의 단점을 잊었다. 이제 평온무사하게 끝날 수는 없다. 어쨌든 흑2는 누구나 그렇게 착수할 곳. 계속해서 4로 끊고 7까지는 외길수.

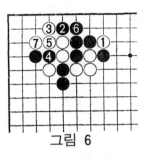

그림 6

그림 7 여기서 흑은 어려운 갈림길에 섰다. 다음에 백A, 흑B, 백C로 쫓기어서는 지리멸렬이므로 어쨌든 이 수순은 막지 않으면 안 된다.

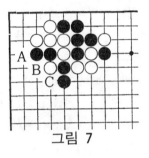

그림 7

그림 8 적의 급소는 나의 급소라는 격언대로 두텁게 흑1로 내려섰다. 그러나 백2의 내림수를 허용해서는 바꿔치기 따위의 타협수단은 벌써 사라졌고 쌍방이 목숨을 건 싸움이다.

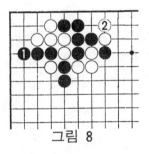

그림 8

그림 9 흑 3으로 꼬부려 붙여 두 수와 세 수, 흑이 한숨 돌린 것 같지만 다음 백4가 준비된 귀수. 제일선의 특수성을 살린 마술적인 수. '내리는 수에 묘수가 있다'는 격언 그대로이다.

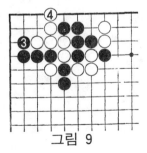

그림 9

그림10 그 수 탓에 흑5로 붙임수를 착수해도 백6으로 만사가 끝장이다.

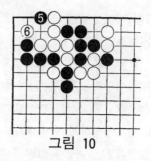

그림 10

그림11 그렇다면 흑1 젖힘수는 어떨까? 여기를 흑이 착수하지 않으면 백이 그곳에 내려서서 수상전에서 이기게 되므로 마찬가지로 피아의 급소이다. 그러나 너무 늦었다.

백2로 막고 흑3하면 백4로 따내어 애매한 모양이다.

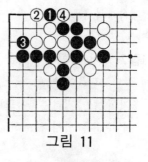

그림 11

그림12 그러나 흑1로 버티는 패싸움도 3에서 5로 진격했을 뿐이고 백6 되따내어 이제는 만패불청으로 흑은 완패가 된다.

이렇게 되면 그림1 백3의 방자한 수단을 질책하지 못하고 어처구니없이 당한다.

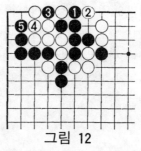

그림 12

그림13 흑1이 정착. 백의 방자한 수단을 질책하는 한 수이다.

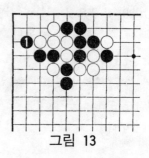

그림 13

그림14 백2로 단수해도 다음에 4
로 지키지 않으면 안 된다. 그때 서
두르지 말고 흑5가 침착한 수. 가운
데 백 석 점의 공배를 메워도 두 칸
위의 백 한 점에게 여유를 주지 않는
다.

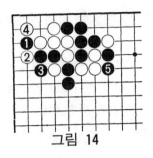

그림 14

그림15 백6으로 지킴은 불가피하
다. 여기서 흑7로 방자하게 끊어 온
흑 한 점을 잡는다. 백8이 권모술수
로서의 대항. 흑이 당황해서 8의 우
상에 있는 한 점을 따기라도 하면 백
8의 좌상 흑 이음, 백8의 아래로 조
이는 형. 이렇게 되면 흑은 무엇을
두었는지 모른다. 흑9가 건실한 응수.

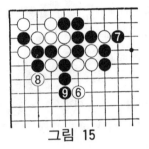

그림 15

그림16 백 1로 흑 석 점을 잡으면
흑은 2로 중앙을 제압한다.

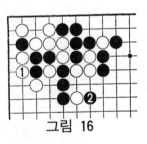

그림 16

그림17 백 1로 중앙을 중시하면 흑
2부터 4로 청산하고 백5 이하에는 흑
10까지 두텁게 수습하여 이것도 흑이
충분한 태세이다.

역시 정석을 무시한 적의 방자한
수단을 준엄하게 꾸짖었다. 정석은
존중해야만 한다.

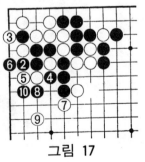

그림 17

한칸 협공, 되협공부터

창업보다는 2대째가 어렵다고 한다. 창업은 어려운 일이기는 하지만 어떻게 하다보니 이루어진 결과이므로 그것보다는 이를 계승하는 2대째가 훨씬 어렵다.

그림 1 한칸 협공에서 생겨난 전투형의 하나. 백 3의 한칸 협공에 구애받지 않고 흑은 4로 되협공했다.

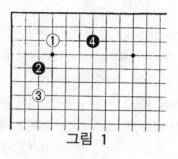

그림 1

이 흑 4는 경우에 따른 수단이어서 협공당한 2의 한 점을 움직이기보다 상대방의 응수에 따라서는 이를 버리고 상변에 벽을 구축하려는 작전이다.

그림2 계속해서 백5는 쌍방의 요점에 해당하는 마늘모. 그러면 흑은 6으로 두칸에 벌려서 목적을 달성하고 백7의 봉쇄를 감수한다.

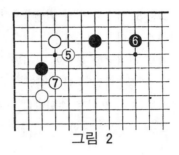

그림 2

이 갈림은 상식적인 진행이어서 쌍방이 모두 기초공사는 완수했다.

그러나 목산하면 변의 흑보다 귀의 백이 단연코 크다. 흑에 승산이 있느냐 없느냐의 의문은 당연히 남는다. 다음의 두 그림에서 그 의문을 해명하자.

그림3 흑1의 치중. 이 삭감 수단이 있기 때문에 귀를 차지한 백의 실리 따위는 아무것도 아니다.

백2에 흑3으로 젖히고 백4에 5로 호구벌려 흑은 사는 모습이다.

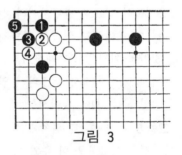

그림 3

그림4 가령 백6 치중해서 눈을 파괴해도 7에는 8을 생략할 수 없으므로 9, 11로 유유히 상변의 벽으로 넘어간다.

귀를 침식당해 억울하지만 백의 응수도 표준형이며 이것은 불가피하다.

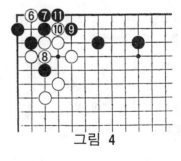

그림 4

그런데 창업에서 제기되는 의문도 해소되었으므로 계승하는 장면으로 들어갈 차례이다.

그림 5 백1로 적의 벽에 용감하게 붙이면 어떨까?

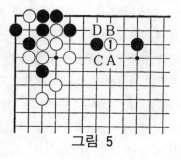

그림 5

귀를 파괴당한 분풀이 같지만 실은 냉정침착한 수이며 이런 형에서는 흔히 쓰이는 수단이다.

흑은 어떻게 응할 것인가? 후계자가 맞이하는 시련의 장면이다.

이야기 순서가 바뀌었지만 그림 3 이하의 삭감수단이 있다고 해서 즉각 삭감하는 것은 상대를 견고하게 하는 손해도 있으므로 서두르면 좋지 않다. 그렇다고 백에게 선수를 당하면 모처럼의 맥이 무용지물이 되므로 결행시기의 선택이 어렵다.

바둑이 운이라고 일컬어지는 것은 그것을 얻는 기민성에 연유하는 것인데 이것은 전자계산기로도 해결할 수 없는 문제에 속한다.

본문제로 돌아가서 백1의 붙임. 이에 대해 흑의 응수는 A, B의 젖힘과 C, D에 늘어서는 네 가지 방법이 있다.

그림 6 우선 흑1로 위쪽에 젖히는 것은 어떨까? 이 수가 허용된다면 가장 좋은 방법이긴 한데 흑이 어느정도 엷으므로 쉽사리 허용되지 않을 것이다.

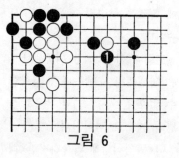

그림 6

아니 그렇게 간단히 수습이 될 정도라면 백이 붙여 올 리가 없다.

그림7 즉각 백2로 흑의 얄팍한 약점을 찌르고 흑3하면 백4 단수하고 6으로 움직인다. 백6에는 흑7이 생략될 수 없으므로 백8로 진출할 수 있어 흑의 본거지인 두칸 벌림이 파괴당한다.

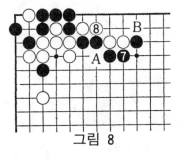

그림 7

그림8 그 8이 쓰라리므로 그림7 7의 수로 그림8 7의 곳 막는 것은 흑1의 체면은 세웠지만 백8로 A와 B를 맞보게 되므로 귀의 흑 일단이 전멸한다.

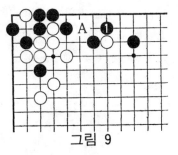

그림 8

그림9 그렇다면 흑1로 아래를 젖히는 것은 어떨까? 이렇게 되면 백A의 붙임수는 없다.

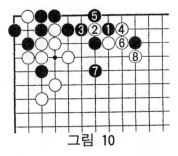

그림 9

그림10 그러나 백2 맞끊음이 멋진 수여서 4에서 8까지 마찬가지로 근거지인 두칸벌림이 파괴된다.

그림 10

그림11 흑1로 서는 것도 견고
한 것 같지만 초점이 흐리다.

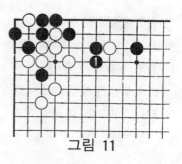

그림 11

그림12 역시 백2의 건너붙임
수를 당하면 흑3할 수밖에 없
으며 백4. 여기서 흑5의 패로
넘는 수는 있지만 이것은 백의
꽃놀이패. 백 한 점을 수중에 넣
은 정도로는 문제가 못된다.

역시 2대째의 계승자는 어렵
다. 그러면 어떻게 하면 올바르
게 계승할 것인가 ?

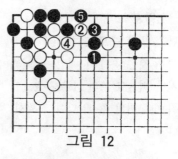

그림 12

그림13 흑1로 은인자중한다.
백2에는 다시 흑3의 저자세로
근거인 두칸벌림을 체득하기 바
란다.

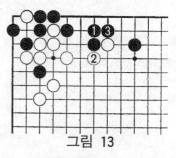

그림 13

그림14 그림13 백2로 두칸벌
림으 ᅵ하려는 것은 무리이다.
흑3으로 서고 백4로 방비하는
사이에 5부터 7로 좌우를 분
단시키면서 진출할 따름이기 때
문이다.

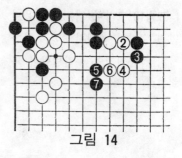

그림 14

소목 날일자 걸침, 배후 어깨짚기

그림 1 소목과 외목이 대치한 형에서 소목이 강력하게 1로 어깨를 짚은 장면이다.

이 백 1을 속임수라 규정하는 데에는 반대론이 있을는지도 모른다. 그러나 백이 1에 두고싶은 것이라면 한칸 협공, 두칸 협공, 세칸 협공 등이 있으므로 정녕 정공법의 수단이라고는 생각할 수 없다.

이 수에 대해서 문득 떠오르는 것은 '큰 싸움에는 크고 웅대한 술책이 필요하고 작은 싸움에는 작고 얕은 술책이 필요하다.' 는 말이다.

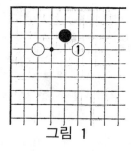

그림 1

여기서의 백 1은 바로 작은 싸움에서의 얕은 술책에 해당한다.

그렇다고 해서 백 1이 반드시 작은 싸움이라는 것은 아니다. 앞에서 설명한 정공법의 협공을 큰 싸움이라고 한다면 이 백 1이 상대방의 어깨를 짚어 무리하게 싸움을 건다는 점, 그러면서 빠르게 수습하자는 속셈이 엿보인다는 점에서 유사성을 느낄 수 있다.

그림 2 군자는 위험한 곳에 가까이 가지 않는다고 해서 1로 굴복하면 백은 그림과 같이 8까지 진행하여 백의 주문대로 된다.

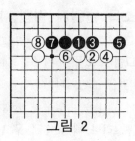

그림 2

그림 3 그렇다면 차라리 저항하는 것만 못하다고 해서 1로 붙이면 어떨까? 백은 2부터 4. 아무래도 싸움은 능숙한 백의 주문대로여서 이것 역시 백을 만족시키는 결과가 된다.

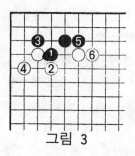

그림 3

굴복하는 태도로도 안 되고 저항하는 태도로도 안 된다면 이제는 정면충돌할 수밖에 없다.

그림 4 흑 1의 정공법으로 씌웠다. 소목과 외목이 대항하는 형에서는 이 씌움은 항상 외목의 권리이지만 배후에 백△가 있는 이 경우는 문제이다. 백 A로 기어갈 것이라고 읽을 수는 도저히 없다.

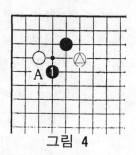

그림 4

그림 5 백은 건너편에 백△가 있으므로 2, 4로 맞끊는다. 이하 9까지 저절로 진행되어 일단락이라고 할 뿐이라면 특별히 취급할 것도 없지만 백은 결코 이 진행을 허용할 리가 없다.

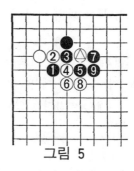

그림 5

그림 6 다음의 백 1이 안타.

흑 2에 백 3으로 끌어 귀는 상당한 소득을 올리고 안정된다. 여기가 안정되면 흑 A로 움직이려는 노림수에는 백 B, 흑 C, 백 D로 압박할 수 있으므로 우선 흑은 여기서도 움직일 수 없다.

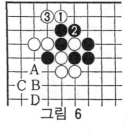

그림 6

그림 7 그런데 그림 6의 흑 2로 위축한 것에 문제가 있다고 해서 흑 2로 나가는 저항은 어떨까? 좋은 착수여서 유혹받을 만한 곳이긴 한데 그렇게 하면 당연히 백 3으로 탈출한다.

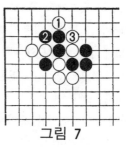

그림 7

그림 8 흑 4에 백 5. 6에는 7로 맞서서 흑 8. 커다란 혼전으로 돌입했지만 귀의 흑은 삶이 확실해졌다. 귀가 살면 흑으로서는 물론 그림 6보다는 나은 결과이다.

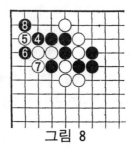

그림 8

100

그러나 이 다음 백의 응전은 교묘
하다.

그림9 9로 끊고 11로 조인다. 조
여도 아직 A와 B에 약점이 있으므
로 그렇게 용이하지는 않으리라고 생
각되겠지만……

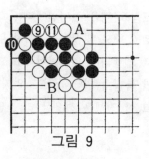

그림 9

그림10 백13으로 그림 9 B의 약점
을 해소시키고 흑14에는 백15 이하
로 도망하면서 21까지, 석 점을 버
리고 중앙을 제압한다.

백의 조그만 속임수가 멋지게 성공
해서 흑은 쓸데없는 저항으로 더욱
나빠졌다.

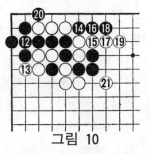

그림 10

그림11 단호하게 흑1로 좌우의 백을
격리시킴은 당연. 다음에 흑A하는 것
은 앞페이지 그림 5와 마찬가지가 되
므로 흑3으로 맞끊는 것은 '이 한 수'
이다.

이 1, 3이 조그만 속임수에 대한 정
당한 응전수단이며 눈에는 눈, 이에는
이라는 최강경책이다. 그러나 역시 속
임수는 계속 속임수를 쓰기 마련이어
서 얼른 극복하지는 않는다.

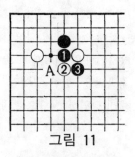

그림 11

그림12 백1로 저항의 뜻을 표한다.
온건한 것 같으면서도 최강의 수단이
다.

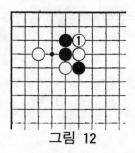

그림 12

그림13 이 백1에 대해 흑2로 단수하면 3에는 4로 이어 이하 9까지가 예상된다.

이렇게 되면 귀의 흑이 차지한 소득은 크지만 9까지의 백의 세력도 대단해서 조그만 속임수로 어려운 것을 얻게 된다.

그림14 흑2로 두점머리를 두들기는 것이 그림13 2 이하의 안이한 타협수단을 거부한 강경수이다. 보는 바와 같이 백은 그렇게 용이하게 사태를 수습할 수는 없게 되었다.

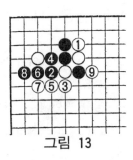

그림 13

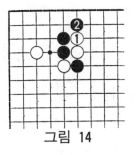

그림 14

그림15 백1, 3으로 젖히고 4에는 5로 같이 밀어 다음에 A의 축을 보아도 백은 오른쪽도 왼쪽도 맛이 나쁘다.

그림16 계속해서 흑6으로 계속 뻗는 것이 좋은 수. 백의 반발도 거기서 힘을 잃는다. 백7로 지킬 수밖에 없다. 흑8, 10으로 귀를 크게 잡으려 든다.

백9, 11은 무엇인가 유리한 계기를 만들어 보자는 노력이지만 흑12가 맥을 밟은 뛰기. 양쪽의 백을 갈라치는 쾌조의 진출이다. 이렇게 되면 조그만 속임수도 비참한 꼴을 면치 못한다.

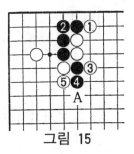

그림 15

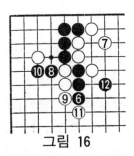

그림 16

세칸 협공, 대사씌움부터

그림 1 세칸협공에서 발생한 하나의 모양.

협공당한 백이 4로 멀리 뛴 것은 엉뚱한 것처럼 보이면서도 흉중에 책략을 품은 것. 다음에 5의 씌움과 6의 대사를 맛보기로 삼는 수단이다.

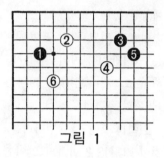

그림 1

이에 대해 흑5의 응수는 일반적. 이 수로 백의 공백지대를 습격하려고 한다.

그림 2 1부터 3의 돌진은 백4가 약속된 형이며 8까지 멋진 수습을 허용한다.

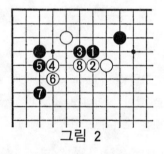

그림 2

그림 3 여기서 그림1을 다시 게재하여 백6의 대사인데 이 6은 먼저 백4로 배후에 공작을 했으므로 보통 대사와는 조금 응수법이 다르다.

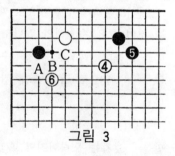

그림 3

대사는 제4선과 제6선의 교차점.

이 대사에 대해 흑은 이 다음을 어떻게 응수할 것인가? 예로부터의 전투의 예에 비추어 보면 A와 B 따위를 둘 수 있다. 그러나 대사라고 하면 C가 올바른 길이라고 맨 먼저 머리에 떠오를 것이다.

그림 4 단호히 흑1로 붙여서 백 석 점을 위협한다. 바라던 대로라 고 백2로 끼운다.

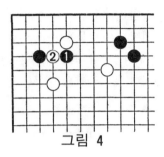

그림 4

그림 5 흑3으로 막는다. 이 수에 이론이 있을 리 없다. 백4의 다음 흑A로 이을 것이냐, 흑B로 이을 것이냐, 혹은 선택권의 문제. 그 태도결정이 주목된다.

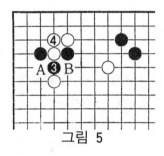

그림 5

그림 6 흑1로 이으면 수가 많은 행로. 이것이 일반적으로는 무난 하지만 문제가 조금 있다. 그것은 등뒤에 적이 복병으로 대기하고 있 다는 특수성에 기인한다.

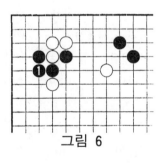

그림 6

그림 7 백2로 끊어서 4. 5에는 6. 모두 공식적인 진행이어서 보통 이라면 이제부터 백변이라는 허다 한 변화에 접어든다. 그러나 백6 으로 너무나 평범한 응수를 당해서 는 백변의 변화에 들어갈 것 같지 않다.

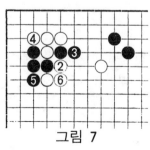

그림 7

그림8 흑1로 공격방어에 탄력을
부여했지만 다음에 흑3을 생략할
수 없다. 즉각 백4로 두점머리에
붙이면 흑 두 점은 준엄한 공격을
받는다.

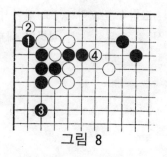

그림 8

그림9 탈출로를 누비면서 5부
터 9까지 도망하여 보아도 백6부
터 10은 정확한 추격이다. 11에서
15로 무언가 될 것 같은 최후의 기
대도 백17 내림이 예의 '2의 1'
이라는 격언에 따른 수. 흑은 완전
한 참패이다. A의 패 따위도 쓰지

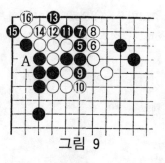

그림 9

않고 백은 여유만만하게 승리로 이끌어갔다.

이것도 제4선과 제6선의 교차점이 발휘하는 효력일 것이다. 대
단히 멋있는 수단이라고 생각됨직도 하다.

그러나 이것은 멋있는 수가 아니라 속임수에 불과한 것이므로 사
실은 이 속임수를 준엄하게 질책하지 못하고 완전히 함정에 빠져
든 쪽의 죄가 크다고 하겠다.

그림10 여기는 흑1로 수가 적
은 쪽을 이어야 할 곳.

이것으로 중앙에 두터운 맛이 이
루어졌다. A로 끊겨 실리에서 손
해를 보기는 하지만……

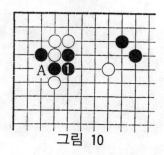

그림 10

그림11 백2하면 흑3에서 5로 제4선과 제6선의 교차점에 있는 백 한점을 축으로 몰고 6에는 7로 빵따내면 이 빵따냄의 위력은 귀에서 얻은 백의 실리에 필적하는 것이어서 불만이 없는 갈림. 이 형에서의 유력한 해결책의 하나로서 평가된다.

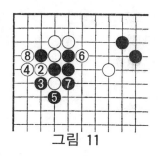

그림 11

그림12 흑A하지 않고 1의 곳에 착수하여 백변을 회피하는 형도 이 장면에서는 유력하다. 다음의 백 한 수로써 명암이 갈린다고 하면 지나친 생각일까?

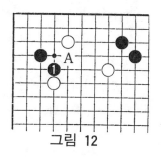

그림 12

그림13 백2로 젖혀 막는다. 부분적으로는 '이 한 수'.

그림14 흑3부터 9까지의 상식적인 형을 취하면 △와 ▲의 교환이 백에게 불만이다. △는 한 칸 오른쪽의 A 외에는 생각할 수 없는 곳이다.

제4선과 제6선의 교차점은 이렇게 백변을 회피해서는 제대로 될 수가 없다.

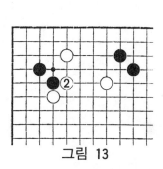

그림 13

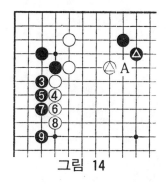

그림 14

그림15 그러나 백2로 내려서면 다른 길이 트인다.

이 수는 맥이지만 위쪽이 불안하기 때문에 여간해서 생각나지 않는 수이다.

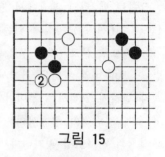

그림 15

그림16 당연히 흑3. 이때 백4가 좋은 수. 6으로 치받고 8에서 10. 다음에 백A가 선수이므로 흑이 귀에서 차지할 실리는 그렇게 대단한 것이 못된다.

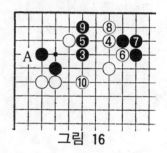

그림 16

세칸 협공, 대사씌움부터

앞에서는 제4선과 제6선의 교차점에서 세칸협공 속에서의 대사 전투를 살펴보았다.

세칸협공의 대사라고 하면 무엇보다도 역사적으로 유명한 것은 木因坊인 丈和와 赤星因徹이 피를 토하기까지 했던 치열한 대국 이리라.

그것은 반상에서의 전투뿐만 아니라 그 배후의 사정이 복잡기괴 해서 바둑의 명성을 더욱 높인 결과가 되었다.

간단히 그 이면사를 살펴 보자.

井上家 11世인 幻庵因碩은 한 국의 대국도 거치지 않고 8단으로 승격하였다. 그것은 순전히 책략에 따라 그렇게 된 것인데 本因坊家 12世인 丈和가 名人·碁所를 희망할 때에는 협력하겠다고 약속해 놓고 安井家 8世인 仙知에게는 丈和가 名人·碁所를 바란다면 이를 저지하기 위한 대국을 가지겠다고 교묘하게 양다리를 걸쳤다.

그러나 일단 8단으로 승격이 되자 丈和와 대국하겠다는 仙知와 의 약속을 배반하였을 뿐 아니라 名人·碁所의 일로는 丈和에게 협력하지 않았다. 협력을 하지 않은 정도가 아니라 자기가 名人·碁所가 될 야망을 노골적으로 드러냈다.

丈和와 幻庵은 당대의 라이벌로 전해지는데 반상의 싸움보다도 반외의 싸움에 세력을 기울인 인상이 짙다. 幻庵에게 그러한 야심이 있다는 사실을 알자 노기충천한 丈和는 林家의 10世인 元美에게 8단을 증정할 것을 조건으로 해서 연합하기로 하였다.

그 연합은 성공하였다. 元美의 주선으로 丈和는 대망의 名人·碁所에 봉해졌다.

그러나 박정한 인물은 어느 시대에나 있는 법이어서 일단 영광의 자리를 차지하게 되자 丈和는 언제 그랬냐는 듯이 元美와의 신의를 저버리고 그 약속을 완전히 배반하고 말았다.

속은 것을 안 元美는 화가 나기도 하고 어처구니 없이 속은 자신이 바보처럼 여겨지기도 해서 분함을 참을 길이 없어 丈和에게 대국할 것을 신청했는데 오래전부터 名人·碁所를 야심에 두고 있던 幻庵 역시 호시탐탐 丈和의 실각을 노렸다.

이처럼 복잡한 주위의 사정을 배경으로 해서 이 대국은 이루어졌다.

물론 丈和가 패배하면 그것을 이유로 해서 名人·碁所의 자리에서 추방하겠다는 것이 幻庵의 뱃심.

赤星因徹은 井上家의 희망. 스승인 幻庵도 그를 격파할 수 없는 귀재였다고 한다.

그러면 반상으로 돌아와 보자.

당시는 대사의 발전기여서 여러가지 흥미가 있는 취향이 엿보인다.

이 대국도 그 좋은 예이다.

그림 1 이 그림은 현대의 표준형. 비교의 편의상 게재했다.

이 그림에서 주의해야 할 점은 축이 백에게 유리한 경우 백 16을 한 칸 아래로 이동시켜서 두는 속임수가 있다는 것인데 그 방위책으로 흑13의 수로 12의 왼쪽에 젖혀야 한다.

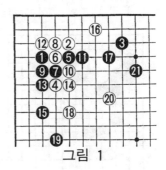

그림 1

그림 2 실전에서의 진행형이다. 그림 1의 표준형과는 10의 곳에서부터 달라졌다.

이 흑10은 그림 1에서 흑에게 축이 불리하면 이렇게 기어야 한다고 했는데 이 바둑은 축이 흑에게 유리하므로 그것과는 별문제. 하나의 취향이다.

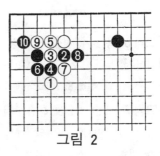

그림 2

그림 3 계속해서 실전의 진행형. 흑2로 뛰어 5에는 6으로 잇는다.

하나의 리듬을 느낄 수 있다.

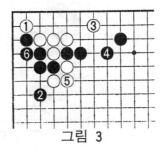

그림 3

그림4 계속해서 丈和는 1, 3으로 진행하였다. 질 수야 있겠느냐 하는 기염의 폭발이다.

그림5 앞 그림의 수로는 1, 3 하는 것이 고전정석으로 여겨진다. 그림 1의 표준형에 비교하면 중앙의 세력권 형성이 뚜렸하게 백쪽이 낫다.

그런데 이 대국의 하이라이트는 그림 4 5 의 다음이다.

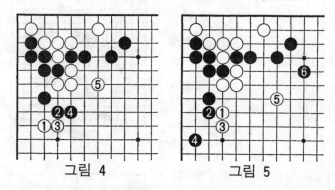

그림 4   그림 5

그림6 흑1이 因徹이 비장했던 수. 이 형의 사각을 찌르는 일격이어서 부풀어오르는 丈和를 위기로 몰아넣었다. 이 한 수의 절단은 도대체 어떠한 의미를 가졌는가?

그림7 보통 백2는 흑3부터 호점인 흑5인데 이 흑5는 다시 다음의 호착인 흑7을 약속한다. 두 군데 호착을 허용해서는 견딜 수가 없다. 이 흑이 강화되면 복판의 백이 크게 위협받는다. 그렇다면 백6으로 7의 곳에 나가면 어떨까?

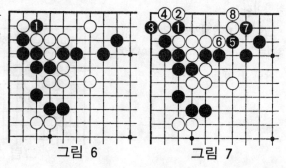

그림 6   그림 7

그림8 백1은 악수. 흑2가 있으므로 백의 자살행위다.

그림9 실전에서 진행된 수순.

어쩔 수 없이 丈和는 2로 단수하였다. 그러나 다음 백4를 생략할 수가 없다. 모두 그림6 흑1의 작용이다.

흑5 붙여서 6으로 한 수 더 귀에 착수하게 하고서 흑7, 더 이상 바랄 수 없는 진행이다.

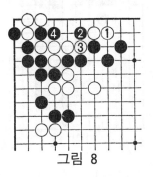
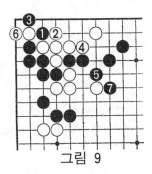

그림 8　　　　　그림 9

그림10 그림9 백4를 생략할 수 없는 이유.

이 수 대신에 백1로 따는 것은 흑2의 꽃놀이패. 3에는 4에 붙이면 다음은 팻감이 흑에게 많으며 A로 따냄을 당해도 아플 것은 없다.

그림11 백1로 욕심을 부리면 흑2, 4의 패로 버틴다.

이렇게 해서 因徹은 우세한 출발을 했다.

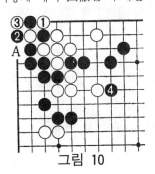
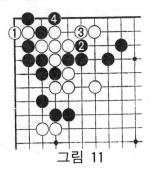

그림 10　　　　　그림 11

그림12 좀더 수순의 진행을 살 펴 본다면 백 1로 도망하는 것을 즉각 흑 2로 추격. 그 기세를 타서 4, 6으로 우변을 포위하고 백 9에 구애받지 않고 10의 곳에 착수하 면 순풍에 돛단 격이다.

그러나 이 다음의 중반전에서 丈 和에게 세 개의 호수가 나와서 형 세가 역전되었다. 이 바둑에 심혈 을 기울였던 것이 원인이 되어서 因徹은 피를 토하고 26세의 젊은 나이로 애석하게 생애를 끝마쳤다 고 한다.

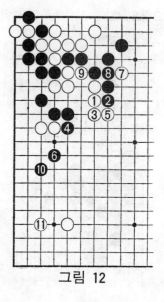

그림 12

그런데 이 복잡한 반외에서의 싸움에 대해서 그 후일담을 적어 보기로 하자.

이 대국에서 4년이란 세월이 흘러간 뒤 丈和는 幕府로부터 은퇴 할 것을 명령받았는데 이것이 또다시 새로운 파란을 불러 일으켰 다.

林元美는 丈和가 자기의 대국신청(도전)에 응하지 않고 은퇴한 것은 자기의 승리라고 보는 것이 정당하다는 기묘한 논리로 8단 승격을 주장했는데 이 주장에 대해서 本因坊家와 安井家가 반대 하여 뜻을 이루지 못하였다.

幻庵은 공석중인 丈和의 후계를 노려 碁所쟁탈전을 청원하였는 데 그 일이 있을 것을 미리 알고 있었던 本因坊家는 대표로 秀和 를 내세워 이를 저지하기 위한 대국을 제기했다. 그 대국은 장장 8일간에 걸친 치열한 것이어서 幻庵은 도중에 두 번이나 피를 토 하고 패배하여 그의 열망은 좌절되고 말았다.

대사씌움부터

세칸협공 중의 대사전으로서 역사적으로 치열했던 피의 대국을 게재한 바 있다.

대사의 주문을 건 것은 本因坊 丈和. 그것을 변칙으로 받아서 井上門의 대표인 赤星因徹에게서 강펀치가 나왔다. 불안이 없으리라고 보였던 귀가 끊음 한 수로 여지없이 동요되었다는 비장의 귀수.

세칸협공에는 없는 비수에의 돌진. 그것을 조사하여 보자.

그림 1 대사가 백변을 목표로 출발했다.

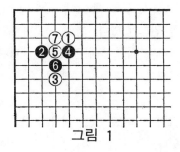

그림 1

114

그림 2 앞의 백7 다음 백9로 끊고 11은 오른쪽에 흑A의 세칸협공이 있거나 없거나 별로 달라질 것이 없다.

단, 그것은 11까지이고 A가 없다는 것은 이후 쌍방의 응전방법을 제약한다는 것도 뜻한다.

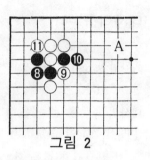
그림 2

그림 3 여기서 흑1로 솔직하게 응하는 것이 정통파의 태도. 백의 응수는 A, B, C의 세 군데 중에서 선택할 권리가 있다.

그러나 因徹이 취한 수단은 다른 것이었다.

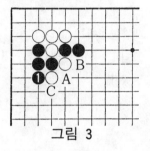
그림 3

그림 4 흑1로 젖힌 다음에 3으로 뛰었다.

백4에 5로 잇고 다음에 대망의 A의 곳 끊는 수로 전환하지만 B의 곳에 흑이 있는 것과 없는 것은 상당히 다르며 백4라면 흑5이지만, 그 백4가 기대된다고 단정할 수는 없다.

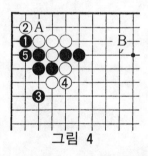
그림 4

그림 5 당연히 여기서는 백1로 약한 흑 두 점을 공격한다. 흑2에는 3, 다시 5로 계속 밀면 흑에게는 A를 이을 시간적 여유가 없다.

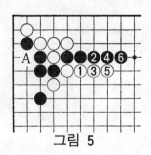
그림 5

그림 6 방향을 바꾸어 백1로 뚫었다. 흑2로 넘는다고 생각하는 것은 착각.

다음에 백3으로 바깥쪽을 끊는 것이 좋은 수여서 흑에게 더 이상 생각할 수단이 남지 않는다.

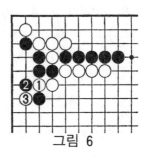

그림 6

그림 7 간신히 흑4를 듣게 해서 흑6으로 백 한 점을 잡는 정도.

이 흑4, 6은 일반적으로는 좋은 형이지만, 이 경우 다음에 백 9까지로 흑 석 점이 잡혀서 너무 딱하다. 그런 희생을 치르면서까지 취할 형이 아님은 당연하므로 난처한 경우에서의 타협에 불과하다.

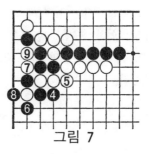

그림 7

그림 8 만약 그 타협을 싫어해서 흑1로 잇는 것은 무모한 행위이다. 위아래의 백도 맛이 나빠 그렇게 위력적인 모습은 아니다.

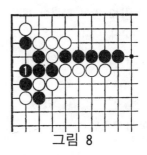

그림 8

그림 9 그러나 백2로 끌고 흑3에는 백4 치중이 멋있는 수. 흑5가 불가피하므로 백6에 내릴 수 있다. 백이 이렇게 위아래를 지키기만 하면 자연히 흑은 숨통이 막혀 죽는다.

이렇게 되면 그림 5로 거슬러 올라가서 흑2 뻗은 수가 잘못이었나 하고 생각하게 된다.

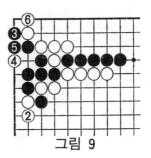

그림 9

그림10 그래서 백1에는 흑2로 꼬부려막아 다른 형태의 싸움을 도모한다. 그러나 이 경우도 백3. 초지일관 뻗는 것이 호수이다. 귀의 백은 A의 곳을 저당잡았으므로 안심이다.

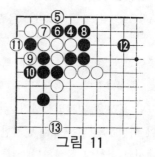

그림 10

그림11 흑4 젖힘에 백5는 방어의 수맥. 이하 흑12로 벌리고 백13 부근에 수가 돌아오면 백이 확실한 우세이다.

그림 11

그림12 앞의 그림이 백을 살려서 불만이라고 하면 백5일 때, 흑6으로 이을 것이냐의 여부가 관심사가 된다.

백5가 작용력이 있는 방어태세임은 여기에서 여실히 나타난다.

그림 12

그림13 백7 끊음이 선착한 흑5에 호응하는 수단. 흑8로 단수했음에도 불구하고 흑에게는 후속수단이 없다. 10으로 모양을 만들려고 해도 백11, 13하면 흑은 멸망이다.

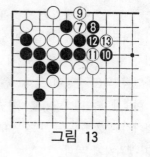

그림 13

그림14 초지를 관철해서 어찌 되었건 흑1로 잇는다면 그림5의 6의 수로 둘 수밖에 없지만 백2로 넉점머리를 두들겨 맞아 이 일단의 발전력이 제지당한다.

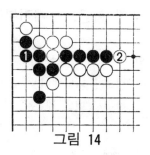

그림 14

그림15 흑3으로 백의 공세를 방어하면 백4가 온건하다. 5, 7부터 9로 귀를 조여오는 흑의 수단에 구애받지 않고 6, 8 바깥쪽에서 밀고서 10으로 귀에 대한 흑의 수단을 봉쇄한다. 흑11로 수맥에 치중한다.

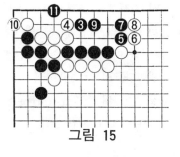

그림 15

그림16 그리고 백12에는 흑13하여 겨우 생명만은 구하였다. 그러나 16까지 백의 외세가 이렇게 두터워져서는 문제가 되지 않는다.

옛날 중국의 한단이라고 하는 땅은 대단히 살기좋은 곳이어서

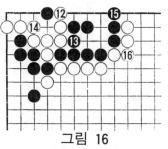

그림 16

사람들의 걸음걸이부터 달랐고 타향에 출가한 여인네들은 태어난 고향만을 바라보면서 살아갔다고 한다.

다른나라 사람이 한단 땅의 걸음걸이를 배우려고 그곳에 갔다.

그는 한단 땅의 걸음걸이를 채 배우지 못한 채 귀국할 일이 생겼는데 귀국하고 나서는 자기나라의 걸음걸이도 잊고 말았다는 우스개 이야기가 있다. 이 싸움도 다를 바가 없다.

세칸 협공, 손빼기부터

앞의 두 가지 항목에서 본 세칸협공 중의 대사싸움은 대사의 성격을 강력하게 나타내어 이내 격전이 벌어졌다. 그러나 세칸협공은 원래 협공이 멀기 때문에 평화적이며 자연히 손을 빼는 경우도 많다.

이번에는 손빼는 형태에서 생기는 속임수를 살펴보자.

우선 정석부터 소개하기로 한다.

그림1 흑의 세칸협공에 백이 손을 빼었을 때, 흑1, 3은 유력한 공격수단이다. 백4로 전환한 것은 모양갖추기인데 이쪽을 강화하여 A의 건너붙임을 노린 수.

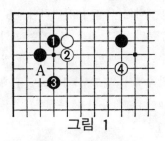

그림 1

그림2 흑1의 응전은 상투수단. 단순한 수비라고 보이면서 다음 백2에는 3으로 젖혀나가는 반발책이라는 점은 다음의 진행으로 알 수 있다.

백4도 멀리 내다본 사려깊은 수. 5로 응수시킨 다음 6의 착수와 조화를 이룬다.

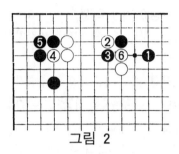

그림 2

그림3 힘껏 1, 3으로 좌우의 백을 격리시킨다. 여기서 백 4가 중요한 수.

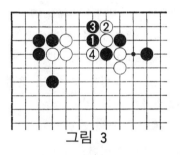

그림 3

그림4 자칫 잘못해서 백을 먼저 두면 흑2의 단점해소에 백3을 생략할 수 없으며 흑4로 왼쪽의 백, 큰 고기가 통째로 잡힌다.

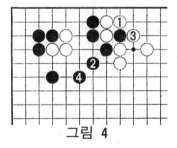

그림 4

그림5 흑1로 도망하면 즉각 백2로 꼬부린다. 올바른 수순이어서 흑5로 되면 이 5가 그림2의 흑1과 기맥을 통한다는 점이 이해될 것이다.

백6은 일단의 눈을 만들면서 흑을 잡는 수단.

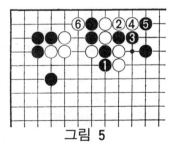

그림 5

그림6 흑1로 단수하고 3에
마늘모하여 흑은 좌변에 연결하
였다.

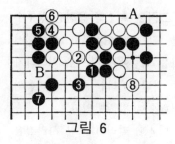

그림 6

한편 백도 4, 6으로 수습하
였다. 흑 두 점을 잡았으므로 그
대로 살았다고 착각하여 4, 6의
방비를 게을리하면 흑A의 젖힘수를 당해 백의 일단은 전멸한다.

백이 살고보니 이번에는 그림2의 4를 착수했던 효과가 나타났다.

B로 젖혀나간 수가 발생했으므로 흑은 7로 지켜야 하며 백은
선수로 8하여 기본이 되는 돌에 탈출로를 연다.

물론 이 그림은 정석이면 손뺀 결과로서는 백의 선전분투를 높
이 평가할 수가 있다.

그림7 그런데 그림2 백4가
멀리 내다본 사려깊은 수라 하
고 다시 한 수 더 계속해서 백1
로 진출하면 좀더 멋지게 진출
될는지도 모른다.

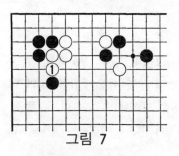

그림 7

그림8 흑1은 절대는 아니지
만 솔직한 응수이다.

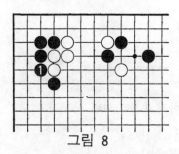

그림 8

그림9 준비완료. 백1로 끊어서 전단은 개시되었다.

흑2, 4에 백5로 몰고 7. 그림3과 같은 수순으로 진행된다.

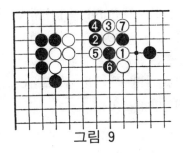

그림 9

그림10 그러나 흑1과 백2를 교환한 곳에서부터 돌변해서 바깥쪽을 계속 밀어 백8. 콧노래라도 부르면서 큰 고기를 낚을 채비다.

어디서 무엇인가 잘못되었다고 생각될 만큼 엄청난 결과이

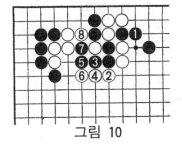

그림 10

지만 생각이 잡히는 곳이라고는 그림7 백1의 멋진 활동력뿐. 공격이 너무 잘 들어서도 판단력이 분별을 잃는 모양이다.

사실 그림7 백1은 대단히 위험한 수여서 도중에 흑이 제대로 수를 읽기만 하면 강타를 당하는 것은 오히려 백이다.

그림11 백1로 꼬부렸을 때가 흑의 기회.

2로 전환하고 백3이라면 흑4로 한 점을 따내어 큰 고기는 흑에서 낚겠다는 것이다.

그림4와 아주 비슷한 모양이

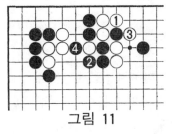

그림 11

고 다른 점은 포획형태의 강약인데 그런 것은 문제될 수가 없다.

그림12 틀림없이 백 1의 탈출
은 있다. 그러나 흑 2하면 백의
탈출은 전도를 알 수 없는 끝없는
방랑. 이렇게 되면 흑으로서는
대환영이다.

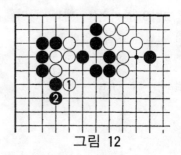

그림 12

그림13 따라서 흑 1에는 역시
백 2로 구출한다. 3부터 6까지
그림 6의 정석과 거의 같은데 다
음 흑7이 무거운 맛을 지니고 압
박해 온다.

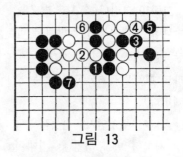

그림 13

그림14 백 1, 3으로 사는 것
은 △ ▲의 교환이 있기 때문에
흑 A가 생략되어 즉각 흑 4로공
격할 수 있다.

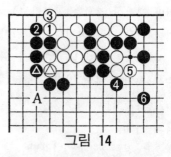

그림 14

그림15 백 1로 도망할 수밖에
없는데 3, 5가 후수의 삶. 흑 6
으로 가운데의 고전은 면할 수
없다. 이렇게 되면△ ▲의 교환
이 백의 욕심에서 나온 대악수.
두지 않는 것이 좋았다고 후회
하는 수이다.

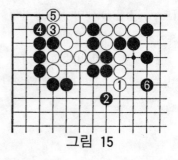

그림 15

세칸 협공, 손빼기부터

적진 속에 깊숙이 들어가면 항상 위험이 따른다는 것은 동서고
금을 막론하고 병법에서 일관되게 가르치는 교훈.

그러기 때문에 지략이 있는 장군은 패배한 것처럼 보이면서 삼
십육계, 상대방의 추격을 아군의 진영 깊숙이 유인하는 작전을 곧
잘 쓴다.

그림 1 세칸협공에서 생겨난
전투형.

흑의 세칸협공에 백이 손을 빼
었을 때 흑 1 마늘모붙임은 상
투적으로 쓰이는 공격수단.

백 2로 서면 흑 3으로 맞이하
고 다음에 백 4의 협공. 이처럼

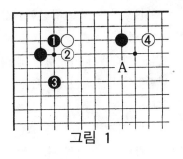

그림 1

4의 곳 협공하는 수 대신 A에 모자씌우는 형은 앞의 항목에서 보
았다.

이 백 4는 물론 오른쪽을 염두에 둔 전투태세이다.

그림 2 그러나 흑 5 로 뛰면 이번에는 왼쪽의 두 점이 마음을 조이게 되는데 그곳은 흔히 있는 탈출수단으로 가볍게 수습하자는 속셈이다.

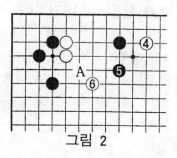

그림 2

그런데 백6은 A의 밭전자의 중앙을 비워놓은 것이 교묘한데 흑으로서는 이왕 백을 협공한 이상 A의 곳에 착수하고 싶은 기분이 들기 쉽다.

그림 3 계속해서 흑1 뛰면 백2. 변함없이 밭전자의 중앙은 빈 채로다.

정석서에서는 여기서 흑A로 뛰라고 가르치는데 너무나 오만불손한 백의 지나친 착수에 노기충천해서……

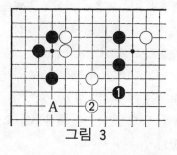

그림 3

그림 4 흑 3으로 출격하면 어떻게 될 것인가 ?

결론부터 말하면 이거야말로 적진 속에 깊숙이 뛰어든 꼴이다.

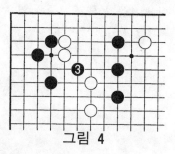

그림 4

그림 5 기다리고 있었다는 듯이 백 1로 들여다본다.

교묘하게 상대방 배석의 약점을 이용했다. ⚠의 곳에 지나치게 뛸 수 있었던 모험도 이 수가 복선으로 깔려 있었음을 보아 상식적인 맥임에 주의.

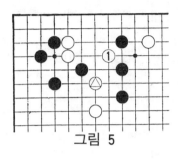

그림 5

그림 6 흑 2로 붙이면 백 3부터 5.

어렵지 않게 적을 유인하여 적의 협공 속에서 효과적인 수습이다.

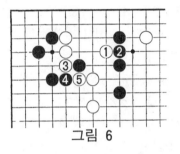

그림 6

그림 7 그렇다면 A의 곳을 잇지 말고 흑 1로 일도양단하면 어떨까? 이 수는 흑을 좌우로 연결하면서 백을 위아래로 분단시키는 강경책이라고 할 만하다.

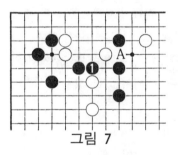

그림 7

그림 8 백 2에 흑 3. 서로가 절단하고 백은 다음에 4로 귀쪽에 전환. 온건하면서도 멋있는 수습. 강경책을 제압하는 온건한 호흡을 느낄 수 있다.

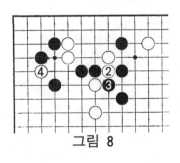

그림 8

그림9 흑1하면 백2 이하는 저절로 이루어지는 수순. 6으로 순조롭게 나와 흑은 사태수습이 어렵게 된다.

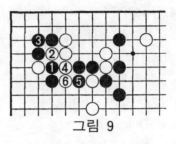

그림 9

그림10 그렇다고 해서 흑3으로 백의 진출을 예방하는 것은 백10까지 진행되어 백의 실리가 너무나 크다.

수순 중 백8은 급하지 않는 것처럼 보이지만 본수. 이것이 없으면 귀의 백에게 위기가 닥친다.

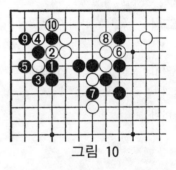

그림 10

그림11 강경책으로 끊는 수가 틀렸다면 다른 수단을 하나 더 강구하여 흑1로 마늘모에 붙인다. 탄력이 있는 것처럼 생각하리라.

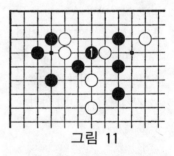

그림 11

그림12 그러나 백2의 젖힘. 이것밖에 없는데 흑3은 필연적인 분단. 이것으로 흑의 분단책이 성공한 것처럼 보이지만 다음에 백4로 꼬부려 받는 것이 좋은 수이다.

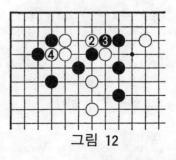

그림 12

그림13 흑 5 이으면 백 6으로 젖혀나가고 흑 7의 저항에는 일전해서 8로 배후에서 압박한다. 순풍에 돛단 듯한 수순이다.

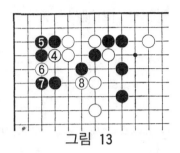

그림 13

그림14 흑 9로 이제는 적진 깊숙이 유인당한 부분을 구출하려 들면 백10의 선수로 잇고 이하 18까지는 귀의 흑이 죽음에까지 이른다. 또, 흑A로 지키지 않으면 안 되므로 백 선수.

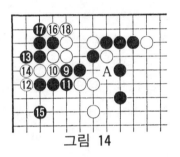

그림 14

그림15 이 흑 1이라면 어떨까? 역시 공배를 메우지 않은 점에서 무난하다.

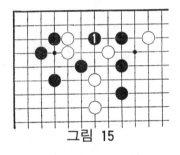

그림 15

그림16 그러나 백은 2부터 4, 6으로 뚫고 나가 대세는 충분. 만약 두 점을 버리지 않으려고 하면 4대신 백5, 흑4, 백A, 흑B, 백C의 탈출도 가능하다.

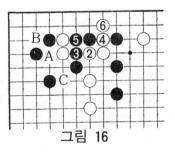

그림 16

밀어붙이기에서

밀어붙이기(붕설형)가 바둑사상 처음으로 고고의 함성을 울린 것은 지금으로부터 40여 년전. 그때부터 지금까지 이 형에서 개량과 파괴, 그리고 재생이 무수히 반복되어왔다.

특히 그것은 대붕설형에서 현저하여 다른 형이라면 적어도 수백년이나 걸릴 변화를 극히 짧은 40여 년이라는 기간 동안에 이루었다.

격동기를 거쳐 이제 완성기에 접어든 붕설형의 현대판에 대해서 최초의 수부터 요점만을 설명하자.

그림1 흑9로 석점머리를 두들겼을 때에 백10으로 끊는다. 흑11에 백12.

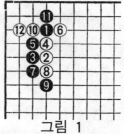

그림 1

그림2 즉각 흑13으로 추격하는 것이 소위 안쪽꼬부림이다.

백14로 끊으면 흑15로 단수. 이 단수에는 백16으로 귀쪽을 꼬부려 결과적으로는 잡힐 돌을 키우는 것이 중요하다. 흑17과 같은 유효타를 교환하는 것은 상관없다.

그림3 그러나 만약 수순을 전후해서 백1로 내리기라도 하면 지독한 꼴을 당한다. 흑2를 당해서 귀의 백은 가차없이 잡힌다. 백 A에는 흑B이다. 때문에 백3의 곳 붙이는 수맥으로 이쪽을 무엇인가가 구출하지 않으면 안 된다. 그러나 너무 늦었다.

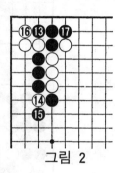

그림 2

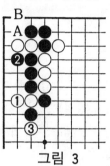

그림 3

그림4 흑4가 평범한 것처럼 보이면서 비범한 서기. 백5에 6이 4의 뜻을 계승한 급소의 일격. 이하 16까지 준엄하게 당하여 17을 듣게 하고 19로 간단히 사는 정도로는 대세를 잃는다.

그림5 본맥으로 돌아가서 백18에 흑19, 21. 이것으로 귀의 백은 죽는다. 물론 책동의 여지는 있지만 그것은 어떻게 값어치있게 죽느냐 하는 것이지 죽는 점에는 변함이 없다.

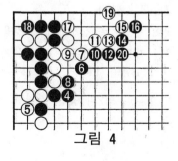

그림 4

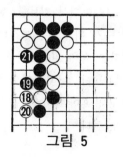

그림 5

그림 6 계속해서 백22 이하 30까지가 진행된다. 이 백30도 요착. 어쨌든 이 일착이라는 점을 깨닫기 바란다.

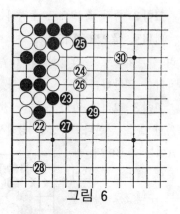

그림 6

그림 7 그림 6에 계속해서 눈사태(붕설)를 일으킨 백에게 도전하는 맥은 흑1이며 백4는 놓칠 수 없는 요점. 6으로 일단락을 맞았다.

상당히 긴 수수이다.

이처럼 수수가 긴 것도 붕설형의 특색이어서 반상의 4분의 1을 메꾸어 놓았다. 나머지는 4

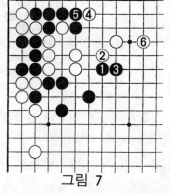

그림 7

분의 3. 그만치 국면은 단순화하기 마련이므로 이론파들에게는 크게 환영받는 전투형이다.

그런데 여기서 검토할 것은 그림 6의 백30.

이 수가 위쪽 흑25까지의 일군이 우방으로 전개하려는 것을 방해한다는 점은 일목요연한데, 반면 작용력에 치중한 나머지 지나치게 뛴 모습으로 보이기도 한다.

그래서 흑이 착수할 곳은 1이 아니라 백2의 곳인 것처럼 생각되기도 한다.

그림8 흑1로 착수하면 이것은 결전의 기분. 그러면서 기대는 크다.

백2는 당연한 저항. 이 수로 3 따위는 흑2로 돌파당해 문제 밖이다. 그러나 그 백2에 흑3의 분단이 와서 다음의 5로 붕설을 일으킨 백의 일군은 포위당하고 말았다.

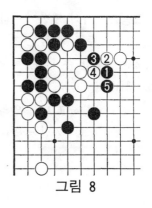

그림 8

이거야말로 큰 일이 아닐 수 없다.

이 백에게 살 길이 있을까?

이제까지 정석대로 두었는데도 이 흑1로 변화시키고 5까지로 이루어진 모습은 백의 앞길에 어두운 그림자를 던진다.

그와 함께 백이 살 길은 상변 흑과의 수상전 이외에는 없다는 점을 쉽게 알 수 있다.

그림9 백1로 단수하고 수순대로 조여서 흑을 응형으로 만들었지만 역습도 거기까지. 백7로 한 수 소비해야 하는데 흑8하면 백은 한 수 뒤진다.

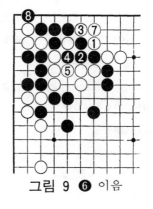

그림 9 ❻ 이음

이렇게 되면 그림8 흑1의 결전책은 멋진 성공을 거두었다.

그러나 정석이 아닌 수이므로 그렇게 멋진 결과를 부여했다는 것은 백의 응수에 어딘가 허점이 있었다고 보아야 한다.

이곳은 백의 공격방법이 단조로워서 생사의 갈림길에 서있는 것이므로 신중하게 일책을 강구해야 할 곳이다.

그림10 백 1이 멋진 수이다. 흑 2로 헛수를 두게 해서 3으로 젖힌다. 흑 4는 생략할 수 없다. 이 4로 A는 백 B이다.

그렇게 진행하고 나서 앞의 그림 9의 진행으로 가져가면 좋았다.

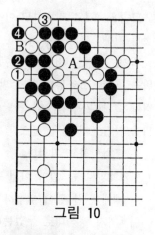

그림 10

그림11 결론을 나타낸 형이다. 백 7에 주목하기 바란다. 그림 9에서는 브레이크가 되었던 7이지만 여기서는 멈추는 일 없이 공격의 계속인 7이 되어 흑을 때려잡는 데에 커다란 역할을 담당한다.

적을 잡는다는 것은 기분좋은 일이지만 기습을 감행한 흑의 말로가 오히려 비참하게 끝났다.

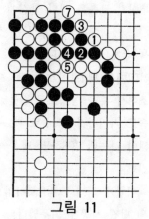

그림 11

두칸 협공, 맞끊음에서

그림 1 백과 흑이 길가의 가로수처럼 석 점씩, 맞끊어서 2점씩, 참으로 질서정연하다.

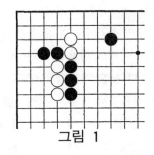

그림 1

어린이가 돌을 포개면서 놀고 있는 그림과 같은 모습이다.

그러나 바둑을 두는 사람은 '아 / 이건 두칸 협공의 맞끊은 형이구나.'

하고 어린이가 노는 정서에 정신을 팔기보다는 냉정한 눈으로 이 그림을 살펴보자.

사실 그렇다. 두칸 협공에서 맞끊은 전투형.

난해하다는 점에서는 최고여서 아마추어들에게 경원당하기 마련.

그림 1이 발생한 수순을 차례대로 검토하자.

그림 2 흑3의 두칸 협공에 백4로 걸치고 흑5, 7 맞끊은 데서 이 난해한 전투형은 출발했다.

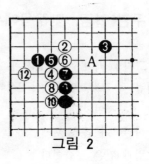

그림 2

한칸 협공이나 두칸 높은 협공에서는 여기서 백4 한 점을 버리고 싸우지만 낮은 두칸 협공에서는 이 백4로 살리고서 싸우는 것이 요령이고 백8로 끌고나가면 흑9도 이 경우는 정착이다.

흑9로 7의 오른쪽에 뻗는 것이 수맥처럼 보이지만, 뻗은 곳에서 A의 점이 비어 있으므로 허점을 두어 박력이 모자란다.

백12가 공방의 요점. 이 형에서의 급소이므로 반드시 기억할 것.

그림 1의 형은 그림 2의 수순에 따라 이루어졌다. 그런데 그림 2는 백12가 한 점 더 많은데 그것은 이 수를 특히 기억하기 바라는 뜻에서 첨가한 것이다.

그림 3 계속해서 흑1에는 백2의 탈출, 흑3, 5의 2단젖힘에 백6으로 귀의 흑을 위협했다. 흑7이 '이한 수'이며 다음 백8도 잘못해서는 안 될 중대한 수이다.

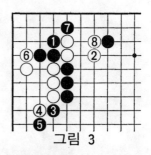

그림 3

그림 4 백1의 곳 반사적으로 막는 것은 경솔하다. 3으로 후수를 끌어서 10까지 외길수.

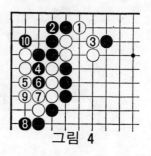

그림 4

그림 5 백 1, 3으로 중앙의 흑 석 점이 잡히리라고 생각하는 것은 얕은 생각이다. 흑 6이 좋은 수여서 백의 전멸로 끝난다.

그림 6 따라서 백 1은 불가피하다. 흑 2가 방어의 공세. 백 3, 5로 사는 모양을 찾아 7부터 9의 치중에 흑 10으로 이 난해한 정석은 일단락이다.

수순중 백 9가 찬란하다. 지혜가 있는 수인데 이 수로써 변의 백일단이 이대로 살게 됨을 살펴보자.

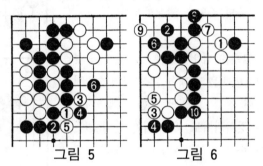

그림 5　　　　그림 6

그림 7 백 1을 착수하면 흑 2가 와도 손을 뺄 수 있다.

흑 3으로 치중해서 파멸시키려고 하여도 이하 6으로 흑은 1의 오른쪽을 지켜야 하므로 백 5의 위쪽에서 산다.

그림 8 그림 7 백 1이 없으면 흑 1로 치중당해 간단히 죽는다. 3, 5로 젖혀서 잡음. 이 단계에 이르러 6으로 치중해도 늦은데 흑 7은 당연.

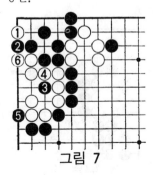

그림 7

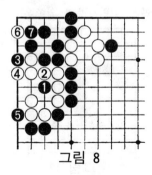

그림 8

그림9 또 그림6 흑10의 방비를 생략하면 백 1 이하의 강습으로 생각지 못한 혼전을 초래한다. 절대로 지켜야 할 곳.

이제까지 만점인 정석수순의 해부를 끝마쳤으므로 이번에는 이 전투형 중의 속임수를 살펴보자.

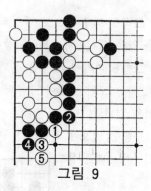

그림 9

그림10 백 1이 있을 것 같다. 물론 그림2의 12의 대안. 흑의 근거를 박탈하여 잡겠다는 구축. 한편 백 자신의 강화이기도 해서 더할 말이 없는 한 수라고 생각된다. 그러나 그림 2부터 그림 6까지를 정연한 진행이라고 한다면 이 백 1은 속임수이다. 이름 붙이기조차 난해한 전투형.

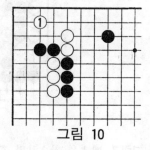

그림 10

그림11 흑 1로 석점머리를 두들겼다. 감각적으로는 어쨌든 착수하고 싶은 요점이다. 백 2도 급소. 흑3에 4로 도망한다.

그림12 흑 1의 필사적인 붙임에 2로 젖혀나가고 8까지, A와 B를 맞보기로 하여 속임수의 승리.

아래쪽 일변도라면 위쪽은 어떨까?

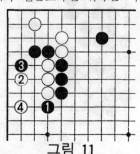

그림 11

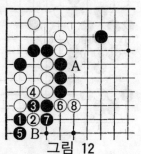

그림 12

그림13 흑 3 위쪽으로 날일자에 건너붙인다. 보통 수맥으로 좋게 수습할 수 있지만 귀는 특수한 곳이다. 4에 백 5 한다.

그림14 그리고 백 1 로 끊고서 3. 두 점으로 키워서 버리는 조임수가 있어서 7 로 먹여쳐서 상대를 응형으로 만들고서 11은 통쾌한 진행이다.

아무래도 제일감각으로 감지되었던 석점머리를 두들기는 것은 형인 것처럼 보이면서도 무효. 속임수에 패배했다.

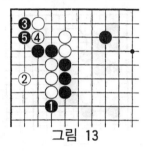

그림 13

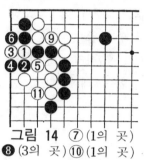

그림 14 ⑦(1의 곳)
⑧(3의 곳) ⑩(1의 곳)

그림15 그러면 올바른 착점을 구해보자. 그림13의 1, 2 의 교환을 하지 않고 단순히 1 로 붙이는 것이 좋은 수이다. 속임수의 잘못을 꾸짖는 첫째 번 화살이다.

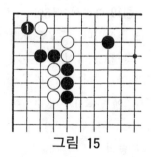

그림 15

그림16 백2에 흑 3. 다음 백 4 로 이번에는 그림14의 1의 끊음수가 없다. 계속해서 6 도 생략할 수 없으므로 흑 7 로 위의 백이 문제가 된다.

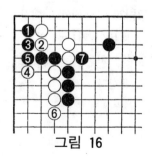

그림 16

그림17 흑1에 백2로 끌면 어떨까?
그때는 흑1을 보강하지 않고 석점
머리를 두들긴다. 백4로 귀의 백이
포위당해도 오히려 흑5로 포위한다.
여기서 백6.

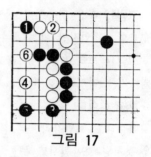

그림 17

그림18 그러면 흑1 이외에 수가
없음은 쉽게 알 수 있다. 백2 이하
외길수로 흑7까지 되면 확실히 속임
수쪽이 한 수 패배이다.

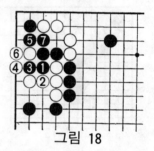

그림 18

그림19 따라서 백6이 가장 탄력이
있는 저항이다. 흑7은 당연하다고
보고 다음 백8이 속임수가 쓰는 최
후의 안간힘이다.

거기에는 흑9가 호수. 이하 백10
이라도 흑11부터 13으로 수상전은
흑의 승리.

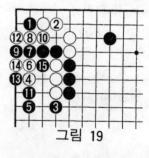

그림 19

그림20 그림19의 9 대신 흑9 하는
것은 백10의 커다란 역전. 속임수가
고생하며 쳐놓은 덫에 걸리므로 주
의를 요한다.

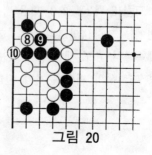

그림 20

두칸 협공, 날일자씌움부터

그림 1 두칸협공에서 발생하는 하나의 정석수순인데 이제 곧 일단락이 지어지려는 직전의 형태.

흑1의 두칸협공에 협공당한 백이 2로 걸렸을 때 흑A로 나와 끊는 전투형에 대해서는 앞의 항목에서 설명했다.

그림의 흑 3으로 아래쪽을 기

그림 1

는 형은 소극적이긴 해도 기본적인 태도의 하나이다.

백은 4를 듣게 해서 6으로 협공하고 다시 8부터 12로 압박했다.

흑도 11, 13의 2단젖힘으로 반발했는데 여기서 백이 14로 끊고 16, 18은 이 형의 결정판이다.

앞에서 일단락이 이루어지기 바로 직전이라고 말했는데 참고삼아 그 다음의 진행을 보자.

그림2 실리를 중시하면 흑1로 단수하고 백2, 4에는 흑5 또는 2 부근에 착수하여 일단락이다.

그림3 세력을 중시하면 흑1, 백2에 3으로 빵따내어 실리와 세력의 대항전이 된다.

그림2와 그림3의 어느쪽을 택하느냐는 물론 흑의 권리다.

그러나 백의 입장에서는 흑에게 좋아하는 형을 선택할 권리를 허용하는 것은 좋지 않다. 틈만 있으면 오히려 주도권을 쟁취하자는 반발심을 일으키는 것이 승부의 길이라고 할 것이다.

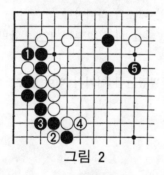

그림 2

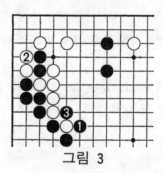

그림 3

그림4 이 전투형의 속임수.

백1 들여다보고서 3부터 5. 계속해서 7, 9로 흑 두 점을 잡으려고 한다. 백의 반발심이 폭발했다. 그러나 그림2와 그림3이 공평한 것이므로 이상한 기분을 느낀다.

그렇다고 할지라도 이 진행은 역시 자신이 없으면 둘 수 없다. 싸움은

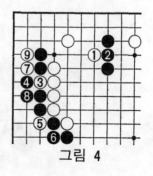

그림 4

격렬한 고비로 접어든다. 그런 결함 속에서의 1이나 7, 9는 격랑을 마음대로 헤엄치는 자유자재성을 생각케 한다.

그림5 흑1부터 3의 저항은 당연하다. 백4, 6 두 점으로 키워서 버리는 것은 조임수의 상용수단.

그림6 백1로 먹여치고서 3. 역시 흑은 응형이 되고 말았다. 이렇게 흑을 응형으로 만들고서 백5, 7로 양쪽을 젖혔는데 이 백의 수수가 항상 네 수라는 점을 잊어서는 안 된다. 흑은 어떻게 응전할까?

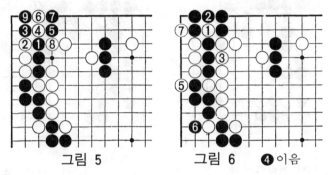

그림 5   그림 6   ❹이음

그림7 흑1로 뻗었다. 백2는 다른 곳으로 후퇴할 수 없는 수이며 흑3으로 양붙임하여 보는 바가 명백하다.

그림8 어쨌든 백1.

흑2로 끊고 백3 단수하면 흑4. 응형으로 당했던 대가를 일거에 찾았다.

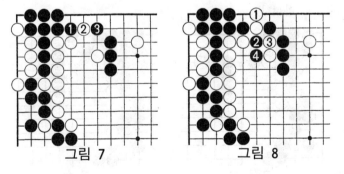

그림 7   그림 8

그림9 그러나 의기양양도 잠시. 백1 의 습격. 머리에 망치가 내려치는 것 같은 충격이다. 눈앞이 캄캄할 수밖에 없다.

그림10 흑1로 따낼 수 밖에 없다. 백2로 멋지게 넘어가 4.

귀의 백은 네 수로 떨어지지만 이것을 포위한 세 수로 죽는다. 아무래도 한 수가 모자란다.

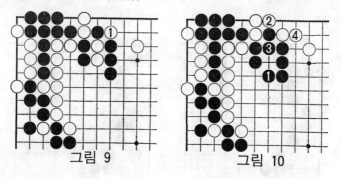

그림 9   그림 10

그림11 그렇다면 흑1은? 위험한 것 같긴 하지만 넘어갈 수 있으리라고 생각된다.

그러나 불안은 곧 현실로 나타나 백2로 단순히 밀고 4부터 6 하면 흑은 살 길이 없다.

그림12 또 그림11 흑5의 수로 이 1의 곳 젖히면 백2로 패.

패이므로 그림11보다 훨씬 낫다고 하겠지만 백이 먼저 따내면 아무것도 아니다.

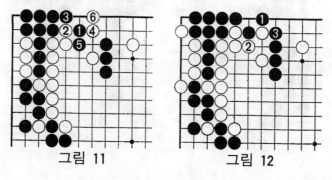

그림 11   그림 12

　그런데 이상과 같이 뾰족한 수단이 없다고 하면 당장은 이적행위인 것처럼 보여서 대환영을 했던 백이지만 큰끝내기도 의외의 활동력을 갖춘 모습에 생각이 미친다.

　단, 흑에게서 대항할 호수가 없을 경우의 이야기인데　딱하지만 그 호수가 있다.

　그림13 흑 1이 묘착. 먼 것 같지만 착수당하면 역시 맥이었음을 깨닫는다.

　물론 모략분쇄의 수단.

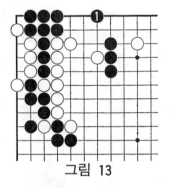

그림 13

　그림14 흑1에 백2도 강수. 그러나 거기에는 3으로 바깥쪽부터 응수, 4로 단수하면 흑5하여 백의 후속수단이 난처하다.

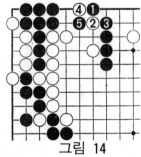

그림 14

　그림15 백1할 수밖에 없다. 흑2도 절대. 백3 이하 7로　한수끝내기패.

　또 백5로 한 칸 왼쪽, 흑5, 백1의 우하패넘어감도 백 팻감이 딸린다.

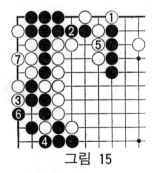

그림 15

밀어붙이기에서

붕설형이 고난의 길을 더듬어 왔음은 앞에서 설명했다.

그중에서도 최대의 위기는 안쪽꼬부리는 수의 개발인데 그 수가 있어서 모처럼 붕설(눈사태)을 일으켰던 취향, 노력도 수포로 돌아가야 한다고 판단했던 한 시기도 경험했다.

물론 그것은 이내 해결되었는데, 그러한 위기를 극복하고 다시 재생하였다는 점은 대서특필하지 않을 수 없다.

여기 게재하는 속임수는 안쪽꼬부림의 출현으로 붕설형의 존재가치가 폭락한 시대의 산물. 귀중한 문제의 제기이기도 했다.

그림1 백 4로 치받아 붕설형은 출발하였다.

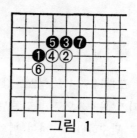

그림 1

그림2 계속해서 백8 이하 12로
되었을 때 흑13의 안쪽꼬부림. 특히
안쪽꼬부림이란 이 수여서 A로 바깥
쪽에 꼬부리는 이전의 유행과 비교
해서 이렇게 불렀다.

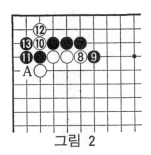

그림 2

그림3 안쪽꼬부림에는 백14로 끊
고 흑21까지 진행한다. 그 21로 귀
의 백 석 점은 붕설형의 피해자가 되
어 매몰되고 이제부터 쌍방이 새롭
게 진용을 새로 구축하게 된다.

예상되는 것은 백A, 흑B, 백C,
흑D의 본선이다.

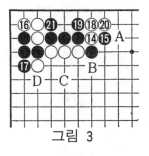

그림 3

그림4 그런데 의표를 찌른 한 수
가 등장하였다. 백1이 그것. 어떻게
할 작정인지 표준형을 무시하고 강
인하다. 마치 항우의 애마처럼 날렵
하고 강인하다. 백1이 무모한 것 같
지만 무턱대고 둔 수는 아니다.

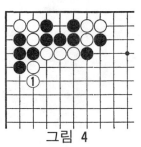

그림 4

그림5 가령 표준형의 백1에 대해
서 흑A가 아니라 2로 잇는 형에서
는 이 3이 부각될 곳이다.

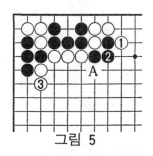

그림 5

그림 6 그런데 생각지도 못한 백 1의 등장으로 이제부터는 정석 밖의 분야에서의 싸움이다. 흑의 응전수단이 주목된다.

제일감으로는 흑2가 떠오를 것이다. 처음에는 귀의 석 점, 이번에는 변의 석 점을 따낸다.

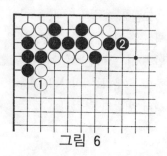

그림 6

그림 7 그러나 실상은 다르다. 백3부터 5가 있어서 7로 치중하면 凸자형의 흑이 떨어진다.

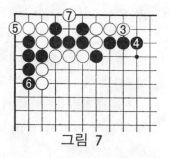

그림 7

그림 8 때문에 백5에는 흑6할 수밖에 없다. 그러나 백은 7을 듣게 해서 9. 쌍방이 넉점을 교환하는 대결인데 백이 유리.

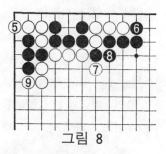

그림 8

그림 9 그렇다면 흑2는?

백3부터 5로 모양을 정비. 보통의 모양으로는 4의 곳의 흑 일단과 5의 곳의 백 일단의 수상전이므로 백의 이득은 흑의 손해.

이렇게 되면 항우의 애마가 어디에 있었던가를 알겠다.

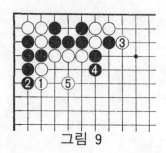

그림 9

그림10 흑의 올바른 응수는 흑1로 서는 것이다. 이 수로 백이 남긴 A의 약점을 노린다. 백A라면 B가 맞보기이므로 흑으로서는 지지 않는 형이다.

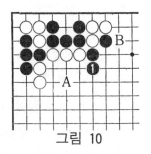

그림 10

이런 좋은 수가 나오면 보통은 이것이 갈림이 되어 앞길이 트이기 마련이지만 이 경우는 그렇게 간단하지는 않아서 뒤에 의외의 소동이 일어난다.

그림11 정착이 흑1인데 그러면 백2. 이것은 모양의 급소인데 반대로 흑2를 당하면 참을 수 없다.

그러나 다음에 흑3으로 위의 백 석 점이 잡히고 말았다. 보통은 백3으로 젖혀서 사는 돌이므로 사는 것과 죽는 것은 대단한 차이로 굉장한 손해를 입었다.

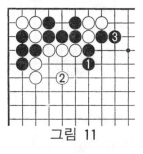

그림 11

그림12 백 4로 내려선다.

놀라운 일은 이번에는 죽었어야 할 돌이 움직였다.

과연 그림11 백2로 가운데의 백이 강화되면 변의 흑 녁 점과 승부를 다툴 수 있다는 셈이 된다.

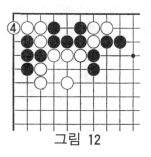

그림 12

148

그림13 흑 1로 도망하는 한 수. 이제는 귀의 백 넉 점과 수상전을 해도 이길 수 없다.

백 2로 강력하게 막았는데 이 수를 온건하게 3으로 끌면 이번엔 귀의 수상전에 패배한다.

그림14 앞의 흑 3 끊는 수에 대해 백 1로 도망하는 것을 추격해서 2부터 4. 한걸음이라도 늦추면 안 된다.

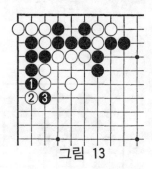

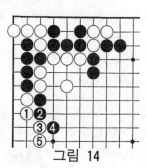

그림 13   그림 14

그림15 흑 1의 장문은 누구나 찬성하는 곳. 의외라고 하면 의외이고 필연이라고 보면 필연의 진행으로 대단히 큰 조임수를 맞이하였다.

이것으로 이 백 일단은 해하에서 포위당한 항우의 초군을 연상시킨다. 항우의 명마도 이 지경에 이르러서는 피로할 대로 피로하여 더이상 달릴 수가 없다.

"산을 뽑는 힘과 기개 세상을 덮건만, 시의를 얻지 못하고 명마 움직이지 않아, 움직이지 않음을 어쩌하리오."

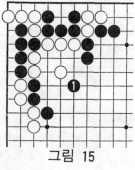

그림 15

참으로 항우의 최후와 흡사한 결정적인 장면이다.

이 포위망이 파괴된다면 봉설형에 또다시 대변혁이 가해졌을 것임은 너무나 명확하다.

그림16 산을 뽑던 장사 항우가 과연 이 포위망을 뚫을 것인가 어떨까, 숨막히는 정황이 바로 여기에 전개된다. 백1로 꼬부려 흑 다섯 점과의 수상전에 이기면 좋다. 그러나 흑2로 단순히 공배를 메우면 백5로 한 걸음 더 압박해도 거기까지가 최후의 발악. 흑6으로 숨통이 끊어진다.

여기는 어쨌든 필사적으로 포위망을 뚫는 것 외에는 활로가 없다.

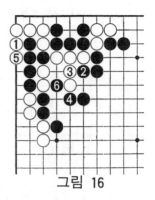

그림 16

그림17 그러나 다시 한번 상대방의 진형을 살펴보면 포위망도 얄팍해서 돌파의 가능성도 없지 않다.

백1. 기사회생을 염원한 필사의 끊음수.

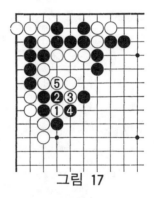

그림 17

그림18 흑의 포위망에 단점을 남겨서 백7로 최후의 돌파구에 임했다. 흑8로 저지하지 않으면 안 되는데 백A로 끊기면 어떻게 될까? 반사적으로 그 단점에 불안이 닥친다.

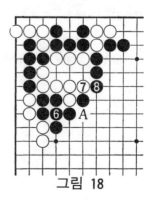

그림 18

그림19 백1 단수에 흑2 이으면 이하 3부터 5의 축. 돌파당했다고 생각될 것이다. 이것은 포위한 쪽의 완전한 실패.

그러나 여기서 단념해서는 안 된다. 좀 더 잘 읽어보면 타개책이 열리기 마련이다. 도대체 초군이 승리한다면 역사적인 이야기가 달라져, 명마는 움직이지 않는다는 애절한 시 구절이 거짓이 된다.

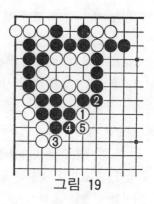

그림 19

그림20 백1에는 흑2로 역습.

이 2가 단수가 아니므로 좀처럼 떠오르지 않는 수. 백4로 막을 수는 없다. 그래서 백3 단수하면 다시 한 수 백4로 나간다. 백 석 점을 따내 포위한 흑의 실리가 크다. 백1, 3의 축이 있어도 백이 재기하기는 쉽지가 않다.

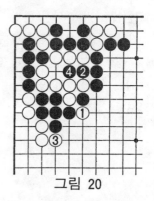

그림 20

그림21 또 백1, 3으로 저항하면 흑4가 좋은 수. 백5에는 6으로 이것은 백이 그림20보다 불리한 결과다.

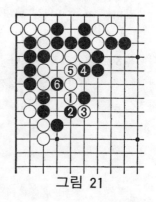

그림 21

두칸 협공, 배후의 머리붙임부터

그림 1 낮은 두칸협공에 생기는 형.

협공당한 백이 힘껏 협공한 상대의 머리에 4로 붙였다. 얼른 보아 난폭하기 짝이 없는 수 같지만 다음에 A의 곳 착수하여 모양을 갖추려고 계산한 수단이다.

이 유형을 일반적인 형에서 구해 보자.

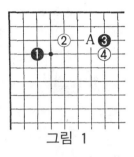

그림 1

그림 2 한칸협공일 때 백 4로 붙이는 형은 널리 알려진 것. 흑 5에는 백 6으로 끌어 다음 흑 7이라면 A의 곳부터 귀의 흑에 걸치고 또 흑 B라면 백 C로 끊어 흑 한 점을 잡아서 수습한다.

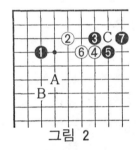

그림 2

그림 3 두칸협공의 경우도 착상은 거의 마찬가지인데 다음에 표준적인 진행을 나타내 보면, 흑1이라면 백2. 이것이 작용력이 있는 응수여서 흑3에는 백4로 대사에 걸쳐 이하 15까지 진행한다. 이것은 정석.

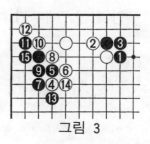

그림 3

그림 4 흑1로 이쪽을 젖혀도 마찬가지로 백2. 이것은 흑1의 한칸높은 협공에 백2로 붙여, ▲⚪를 교환하고서 3 이하로 진행한 것과 같은 형이다.

어떻게 되든지 백2는 예정한 착점이다.

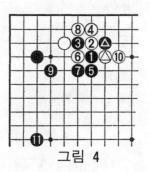

그림 4

그림 5 그림 4 의 수순 중, 흑이 상변 또는 오른쪽과의 관계를 중시해서 둔다면 흑3으로 끌어서 백4 이하 8까지 바꿔치기하는 것도 잘 알려진 수법. 이 형은 81페이지 그림 14에서 이미 설명했다.

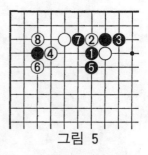

그림 5

그림 6 흑 1로 끌어도 역시 백 2. 그러나 이 형이라면 흑이 손을 뺄 수 있으므로 흑3으로 소목의 근거지를 보강할 수 있다.

백 4 이하 14까지는 A를 보강하는 진행.

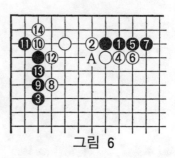

그림 6

그림 7 백이 예정하는 착점에 선착한 흑1은 어떨까? 그러면 흑2, 4로 귀의 흑이 궁색해진다.

이를 싫어해서 흑3으로 4의 아래를 뛰면 백3. 한칸협공의 상식적인 전투형으로 환원된다.

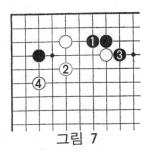

그림 7

그림 8 흑1에 대해 즉각 백4는 흑2로 그림6처럼 흑에게 양쪽을 당한다. 그것이 재미없다고 하면 먼저 백2하여 흑3을 유인하고 백4.

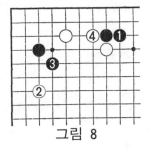

그림 8

그림 9 여기서 주목할 것은 1의 단점이다. 흑1의 습격을 고의적으로 남겨둔 백의 의중은?

얕보지 말라며 분연히 흑1로 결행. 양쪽의 견고성을 믿는다고 하지만 이것은 굉장한 사건을 야기시킬 것임에 틀림이 없다.

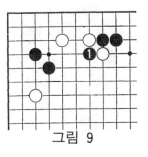

그림 9

그림10 백2로 단수해서 4 . 5에는 6.

괴로운 것은 너무 성급하게 서두른 흑이며 얄팍하게 보였던 흑은 점차 두터워졌다.

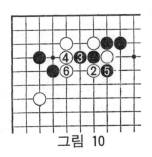

그림 10

그림11 어쨌든 흑1. 봉쇄를 피해서 요착이라 생각된다.

그러나 백2. 타이밍에 맞춰 급소의 한 점을 움직였다. 이 한 점이 움직이니 근처에 흩어진 백이 모조리 활동력을 갖추었다.

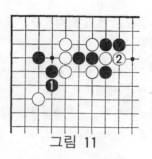

그림 11

그림12 흑3. 두 점이 잡히면 견딜 수가 없다. 그러나 백4부터 8, 10으로 흑을 응형으로 만드는 수순. 이렇게 되면 위의 흑 두 점이나 가운데의 흑 여섯 점이나 어느 하나가 떨어질 것은 분명하며 남은 일단도 고전이다.

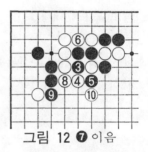

그림 12 ❼이음

그림13 흑3으로 변에 나가는 것도 마찬가지여서 백4, 6으로 조이고 8부터 10. 역시 백이 괴롭다.

이렇게 되면 백이 일부러 남겨둔 단점에 착수한 그림9 흑1은 긁어 부스럼을 만든 어리석은 행위일 뿐이다. 그러나 좀더 침착하면 길을 타개할 수 있다.

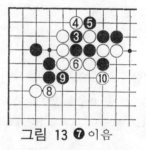

그림 13 ❼이음

그림14 흑1로 따내는 것이 그것. 그림11 흑1 대신 가운데를 보강한 수이다. 백2에는 흑3. 이것으로 귀는 살았다.

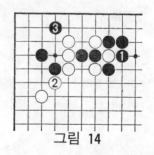

그림 14

그림15 백1에는 흑2. 백3으로 협공하고 백5로 강력하게 잡으려 해도 7로 패가 된다. 패라고 해도 이기기까지는 상당하므로 삶에 가까운 패이며 흑에게는 8로 변에 책동하여 다시 9로 잡으려 들면 10으로 먹여쳐 양패의 수단도 있다.

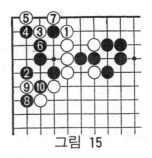

그림 15

그림16 또 이 백1이라면 흑2. 3에는 4로 간단히 산다.

아무렇게 해도 백이 활동력이 있음은 의심할 여지가 없는데 흑도 비관할 것까지는 없다. 긁어 부스럼이 아니라 제대로 부스럼을 다스려야 할 곳이다.

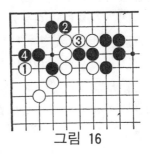

그림 16

그림17 정착은 석 점을 마늘모로 진출한 흑1이다.

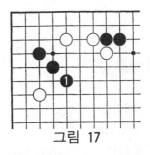

그림 17

그림18 백2로 지키면 3부터 한 번 더 밀 수 있지만 그 다음은 역시 그림과 같은 방비로 돌아와야 한다. 여기서는 흑9까지의 진행이 예상되는데 이것이라면 흑은 충분한 태세이다.

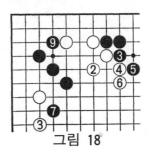

그림 18

밀어붙이기부터

붕설형에는 대붕설형과 소붕설형의 두 가지 형이 있다.

발생은 소붕설형이 앞섰으며 거기에서 대붕설형으로 진전했으므로 중요한 점에서 양자에게 공통점이 보이는 것이 당연하다.

그러나 두 점에서 발생하는 소붕설형과 석 점에서 발생하는 대붕설형은 싸움의 성격이 전혀 다른데, 한 점의 차이때문에 소붕설형은 기세가 과격하고 대붕설형은 비교적 완만한 경향을 보인다.

그림 1 백 2의 한칸높은 걸침에 흑 3 아래로 붙인다. 여기서 후속수단에 곤란을 당할 것은 없지만 백 4로 속되게 치받아서 붕설형이 출발했다.

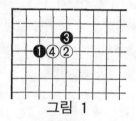

그림 1

그림 2 계속해서 흑 5에 백 6은 필연. 다음 흑 7로 대붕설형과 소붕설형의 길로 갈린다.

흑 A가 대붕설형에의 길. 그림처럼 두점머리를 젖히는 것이 소붕설형이다.

이 흑 11은 강렬. 일순 백이 위기에 몰리지만 백 8, 10으로 끊어내려서 급

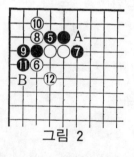

그림 2

한 장면을 수습한다. 흑 11로 탈출하면 백 12의 호구벌림도 중요한 수. 이 수로 다음에 B와 A를 맞보기로 삼는다.

그림 3 그림 2의 B를 흑13으로 방비하면 백14로 끊어 응답한다. 이것이 최대의 핵심.

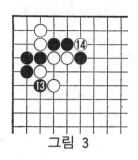

그림 3

그림 4 그대신 잘못해서 백 1로 잇기라도 하면 흑 2로 호구벌림을 당해 3으로 끊어서 싸워 보아도 흑 6으로 A와 B가 맞보기이다. 귀의 백 두 점이 잡힌다.

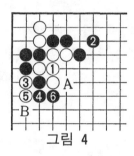

그림 4

그림 5 따라서 그림 3 백14는 기사 회생의 한 수이기도 하며 흑15에 백16으로 도망하고 흑17에 다시 18로 도망하면 흑19, 백20으로 서로 따내어 이 급전은 일단락된다.

현대가 낳은 찬란한 정석의 하나. 그러나 옥에 묻은 티를 굳이 밝힌다면

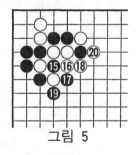

그림 5

흑의 입장에서 아래쪽을 향해서 세력을 확장하려는 백의 의도는 봉쇄하였지만 귀의 실리는 뒤에 착수한 백에게 잡힌다는 불만이 남는다.

158

그림 6 그래서 귀를 버리지 않고 두는 방법을 택한다면 백A가 오기 바로 일보 직전, 다시 말해 그림 3의 13으로는 이처럼 흑1의 곳에 착수하게 된다.

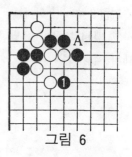

그림 6

그림 7 그러한 흑1에는 백2가 필연. 흑3을 들게 해서 흑5. 이것으로 귀는 잡을 수 있다. 잡힌 다음에 백6으로 끊는 것이 내키지 않겠지만 이것도 복판의 흑과 수상전을 하기 위한 필연의 수순이다.

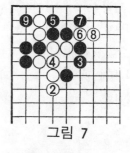

그림 7

흑9를 더하여 귀를 잡는 것이 중요.

그림 8 계속해서 백10에서 12까지 확실히 하고 14로 벌리는 것이 보통이다.

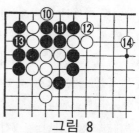

그림 8

그림 9 귀에 한 수 더하는 대신에 흑1로 막는 것은 백2부터 4, 6. 흑7에 백8하면 중앙의 흑이 위험해질 뿐 아니라 귀는 역시 수상전으로 잡게 되므로 의문이다.

대단히 어려운 수순이지만 요점은 대체로 설명하였다.

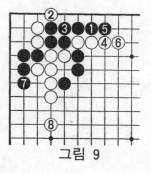

그림 9

다음은 이 형에서의 속임수.

그림10 궁색한 곳에서 움직이는 백1
이 속임수. 보통은 A로 끊어 그림7에
서 그림 8의 진행이 이루어질 곳이다.
이 수가 무엇을 노리는가?

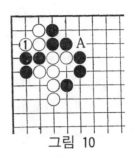

그림 10

그림11 이보다 그 노림수 이전에, 흑
2의 탈출은 당연하므로 △를 두어 흑
2의 유효타와 교환한 손해가 놀랍다.
그 흑2 곳은 가능하며 백이 착수하고
싶은 호점이기도 하다.

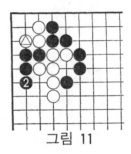

그림 11

그림12 이를테면 그림 8 백10 대신 1로 내리고 3으로 막아 다
음 A의 젖힘을 선수로 취하는 방법도 있다.

그림13 또한 그림 9 백6의 수로 1의 곳에 착수할 자유도 있다.
이 백1은 흑에게 귀를 두게 하여 백2로 양쪽을 둘 생각이므로 흑
2의 반발은 자연히 백3, 흑4로 바꿔치기하여 백이 선수이므로 이
익이라고 볼 수 있다.

이처럼 자기가 두고싶은 곳을 상대에게 두게하는 방법은 특별한
이유가 없는 한 결
행할 것이 못된다.

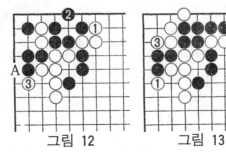

그림 12   그림 13

그림14 백1의 절단은 '이 한 수.' 흑2에 백3. 백5를 듣게 해서 7부터 9의 진행이다.

화려한 진행인데 이것은 대체로 그림9로 돌아가는 것이어서 백의 노림수가 적중한 셈이다.

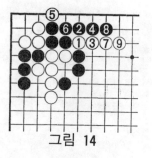

그림 14

그림15 흑10으로 치중하면 귀의 백은 잡을 수 있지만 백11의 선수로조임수를 당한다. 백11에 흑이 손을 빼면 백A로 죽는다. 먼저 손해를 보았지만 이 정도면 충분히 채산이 맞는다.

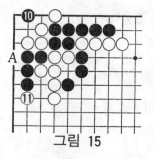

그림 15

그림16 그러나 그림15 흑10 치중하지 않고 이 흑1로 묵묵히 내려서는 것이 묘수이다.

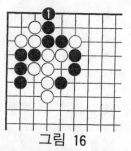

그림 16

그림17 백2 정도의 것. 흑3하면 그림14처럼 제2선을 기지 않고 일단락된다.

이렇게 되면 그림10 백1은 자기가 두고 싶은 곳을 상대에게 두게 한 어려움만이 뚜렷해진다.

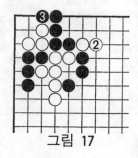

그림 17

소목, 한칸높은 걸침, 바깥붙임부터

소목과 고목의 돌이 대치한 형에서는 소목이 귀의 실리에서 우세하고 고목은 변에서 중앙을 향한 발전력에서 우위를 점유한다.

그후의 전개도 어느쪽이 먼저 일을 만드느냐, 그 방법이 어떠냐에 따라서 세력에 변화가 생겨나지만 대체로 쌍방의 모석의 성격에 따라서 소목은 실리, 고목은 세력을 취하는 갈림이 많다.

한마디로 기본정석이라고 일컬어지는 것은 사용빈도도 빈번할 뿐 아니라 모석의 성격에 충실하다는 점이 조건이 된다.

그림 1 기본정석의 하나. 소목이 싸움을 걸어 고목에 위쪽으로 붙여서 생긴 기본정석의 하나이다.

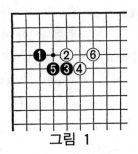

그림 1

그림 2 계속해서 흑 7, 9로 붙여내려 일단락 했는데 이것은 사용빈도가 높다는 점에서나 모석의 정신을 충실하게 계승했다는 점에서 기본정석임에 틀림없다.

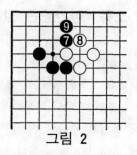

그림 2

그림 3 이 형에서는 흑 1 아래쪽에서 붙이는 것이 압도적으로 많음은 잘 알려진 사실인데 백 4일 때 5로 들여다보아 6을 강요하고 7하는 것이 모양을 선명히 해서 예전에는 기본정석이라고 여겨졌었다. 그러나 지금은

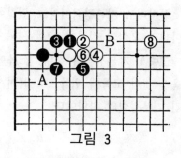

그림 3

5를 보류하고 A로 뛰어 장차 B의 뛰어들기를 노리는 방식에 인기를 **빼앗**겼다.

그런데 흑 5의 들여다보기는 그림 3의 아래쪽붙임의 경우 이 수가 있다고 하면 그림 2 위쪽 붙임의 경우도 있어서 좋을 것 같다.

그림 4 흑 1 들여다봄이 그것.

기본수맥에는 공통되는 점이 많으며 그 반대도 진리라는 경우는 흔히 보인다.

사실, 이 흑 1도 대단히 유력해서 2백여 년 전에는 일류기사들 사이에 당당히 유행되었었다. 이 수를 당한 백은 어떻게 응할 것인지 어려운 문제다.

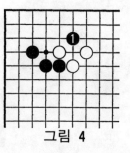

그림 4

그림5 백1로 흑을 고립시키고 싶은 기분은 안다. 반대의 경우도 진리라고 하면 이론적인 근거의 배경은 표리관계인 그림6 아래 붙임정석에서 설명한 셈이다.

그림6 흑1 들여다봄에 백A 말고 2로 흑을 고립시킬 수 있지만 이 백2가 가능한 조건은 흑A로 끼우면 백B의 축으

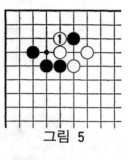
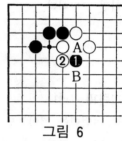

그림 5 　　　그림 6

로 잡을 수 있다는 점이다. 따라서 그림5의 백1은 흑의 끼움수도 없으므로 보다 해답이 명백하지만 아무래도 그곳은 변방지대. 그 조건을 무시하면 실패한다.

그림7 흑1 젖혀 2하면 3으로 이어 다음은 A와 B가 맞보기여서 백은 후속수단이 궁색하다.

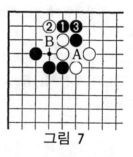

그림 7

그림8 모양은 찬성할 수 없는 삿갓형이지만 역시 백1로 이어야 한다. 표리관계인 아래쪽붙임에서도 이렇게 했었다. 흑2도 '이 한 수'. 여기서 백이 둘 수는 A, B, C의 세 군데인데 어느것이 올바른지 우선 A부터 간단히 살펴보자.

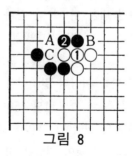

그림 8

그림9 백1로 젖혀나가 3. 다음에
흑 4라면 백이 의도한 대로다. 백7이
좋은 수. 흑8, 10의 저항도 백11 치
중이면 그만이다.

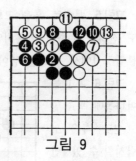

그림 9

그림10 그러나 이쪽에 흑4로
밀면 이번에는 백이 난처하다.
5, 7로 공격하면서 공배메움
을 해소시켜도 귀가 궁색해서 11
부터 15로 사는 정도여서는 흑
14, 16으로 양쪽을 당하여 젖혀
끼우는 강력한 습격도 맥빠진 꼴
이 된다.

그렇다면 B는 어떨까?

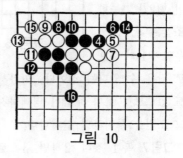

그림 10

그림11 백1에는 흑2. 백3이
정해진 모양.

백의 모양은 정상적인 데 비
해 흑은 그림2의 정석과 비교
하면 귀를 한 칸 더 끈다. 한
칸의 들고남은 상대방의 차이가
2배이므로 대단하다. 흑으로서
는 만족 이상의 갈림이다.

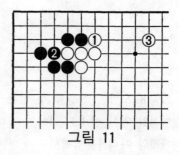

그림 11

실은 이 그림11도 150여 년쯤 전에는 훌륭한 정석으로 소위 御
城碁의 대국에서 나타났던 형이다.

그랬던 것이 지금은 정석의 자리에서 자취를 감추었다.

어째서일까?

정석은 손익이 반반이라야 성립되는 것이므로 흑이 좋은 결과면 정석이 아니다라고 속단해서는 안 된다.

이제까지 대충 살펴본 바로는 그림4 흑1로 들여다보는 수가 대단한 효과를 품었다.

그러나 진실은 정반대여서 그만치의 값어치가 없다는 점이 판명되었다. 좋은 수이기 때문에 정석이 될 수 없다는 것이 아니라 좋지 않은 수이기 때문에 정석의 권좌에서 탈락되었다.

井上家의 幻庵因碩은 괴물이라고 불리울 정도의 인상으로 여러 가지 일화를 현대에 남겼다.

이 흑이 들여다본 수에 메스를 댄 것도 幻庵을 포함한 井上家 일문의 연구라 하며 실전에서는 幻庵 대 林元美의 시합에서 출현하였다.

실제로 그 수순을 추적하여 보자.

幻庵이 22세의 혈기왕성한 나이였을 때 상대인 元美는 42세로 先番이었으므로 흑과 백이 반대다.

그림12 우선 백1로 속되게 치받았다. 元美는 예상했다고 생각한다. 흑2로 응수하여 단점이 두 군데에 생겼는데 이것이 수이다.

그림13 백3으로 바깥쪽을 끊는 수순이 중요하다. 4, 6에는 7로 꼬부려 수수를 늘인다.

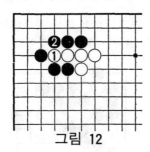

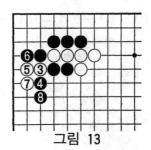

그림 12   그림 13

그림14 계속해서 백 9로 흑의 전개방향을 차단하고 11로 끊는다. 어차피 상대의 땅이 될 것이므로 이러한 착수는 몇번을 두어도 손해는 없다.

그림15 흑12 이하, 필연의 수순으로 20까지 진행하는데 백19의 곳을 선수로 막을 수 있게 된 것이 돌을 버린 작전의 효과이다.

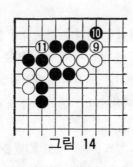
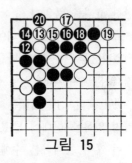

그림 14　　　**그림 15**

그러나 현재의 상태로는 흑의 땅이 커서 백이 성공했다고 볼 수 없다. 가운데 흑 넉 점의 모양이 나쁘므로 여기에 수를 거는 것이 이제부터의 작업이다. 어떻게 착수할 것인가 ?

그림16 단점을 정면으로 끊는 21이 이상적. 다음 23이 조임수의 수맥. 25로 단수해서 흑을 응형으로 만들고 27부터 강력하게 29로 붙여 33까지 흑을 봉쇄해서 백은 대만족이다.

그림17 16의 흑24로 25에 도망하는 축머리가 있다면 이 그림의 진행을 선택하게 된다.

이같은 수단 때문에 그림 4 흑 1 들여다봄도 좋은 결과는 얻을 수 없다는 점을 알 것이다.

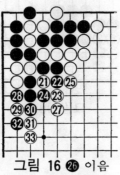
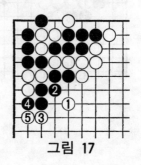

그림 16 ㉖ 이음　　　**그림 17**

소목, 한칸높은 걸침, 붙임수부터

그림 1 좌상귀는 소목과 고목의 대치형에서 흑이 붙여 끌어서 한칸에 뛴 것으로 현대에 가장 많이 쓰이는 구축이다.

이러한 구축이 유행되는 한, 백이 변에 구축한 것과 같은 모습으로 우선은 결정판이라고 할 수 있을 것이다.

위쪽과 아래쪽 흑의 견고한 구축 사이에 백이 억눌리지 않고 힘껏 벌린 것이 특징이다.

상대방이 뛰어들면 그대로 양분당할 것 같으나 그것이 그렇게 되지 않음도 주지의 사실이다.

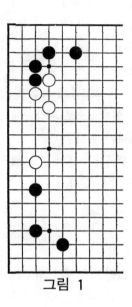

그림 1

그림2 실제로 뛰어들자면 뛰어들기의 지점이 흑1이라는 것은 상식이다. 백의 응수가 흑이 위쪽으로 넘어가기 위해 설 곳인 2의 점이라는 것도 이론의 여지가 없다.

위쪽으로의 연락망이 차단된 흑은 이번에는 3으로 아래쪽에의 연락을 획책하게 된다.

백에게는 흑이 아래로 넘어가는 수단을 막을 길이 없다.

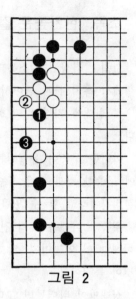

그림 2

그림3 그래서 백4를 들게 해서 14까지의 외벽을 구축한다. 수순 중 백6, 흑7의 교환은 반드시 기억할 것.

이 그림3이 정석이다. 변은 흑의삭감작전에 맡겨두고 백은 그만큼의 보상을 중앙쪽으로 옮겨서 불만이 없다.

그러나 뛰어 들어가서 무엇인가 있을 것을 기대했던 흑으로서는 피차 불만이 없는 갈림이어서는 참을 수가 없다. 소위 태산이 명동해서 겨우 쥐새끼 한마리라는 격이다.

그래서 이런 정석으로 일단락되기 직전에 흑은 하나의 책략을 꾸민다.

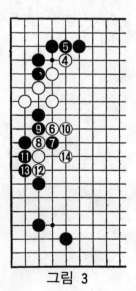

그림 3

그림 4 흑 1이 그것. 이 형에서의 속임수인데 사지에 놓인 두칸 상의 흑 한 점에 최후의 보상을 시도했다.

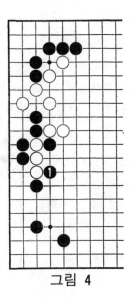

그림 4

그림 5 흑 1하면 백 2가 절대이므로 흑 3하여 백A, 흑B로 백을 응형으로 만들고 자기는 아래쪽으로 넘어가자는 주도면밀한 수단이다. 백도 위아래로 연락되면 그런데로 괜찮지만 무엇보다도 응형이 된다는 것은 불유쾌하다.

행인지 불행인지 상대가 노리는 점이 너무나 빤하므로 백A로 따기 전에 B로 내리는 수가 있는가, 없는가를 검토할 차례다.

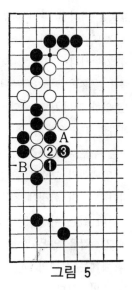

그림 5

그림6 백1 내림에 흑2로 구출하는 것은 백3 이하의 축이 있으므로 흑2로 이을 수는 없다.

그림7 그림6에서 흑의 약점을 알고 단호하게 백1로 내려섰다. 물론 흑2로 몬다.

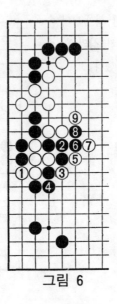

그림 6

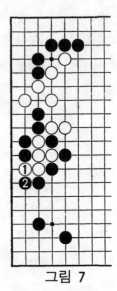

그림 7

그림8 여기서 다시 한번 백3으로 내리는 것도 그림6의 축조건을 근거로 해서 가능하다.

백3은 흑의 일군을 분단시킴과 동시에 포위한 것이기도 하다. 이 수가 성립한다면 그림2에서 흑이 뛰어든 모든 능력은 수포로 돌아간다. 거슬러 올라가서 앞페이지 그림4 흑1은 속임수가 아니라 오히려 함정에 걸려든 수다.

그런데 실은 이 백3이야말로 그림6 축에 자신감을 얻은 만용의 수단이어서 흑에게는 상대의 축을 해결하는 귀수가 준비되었다.

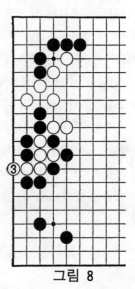

그림 8

그림9 흑4가 귀수이다. 백의 철벽에 바싹 붙어서 그 모습을 보이지 않았다.

백5 이음에 흑도 유유히 6으로 잇는다. 이렇게 6으로 이었을 때 먼저 착수한 흑4가 그림6의 축의 방향에서 어디에 해당하는가를 알아차렸을 때는 백은 기절초풍하지 않을 수 없지만 그러나 때는 이미 늦었다.

그러면 흑의 속임수에 대한 백의 타개책은 무엇인가?

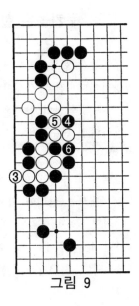

그림 9

그림10 백의 패착은 그림8에서 만용을 부린 백3. 이 수로는 3으로 따내어 응형을 감수해야 한다. 흑4 선수로 넘는다 해도 흑이 이렇게 삭감한 형은 그림3의 표준형에 비할 바가 못된다. 같은 우형끼리이지만 백에게 약간의 이득이 있음을 인정해야 한다.

태산이 명동해서 겨우 서일필. 산을 울리게 한 진동도 겨우 쥐새끼 한마리의 소동으로 끝났다.

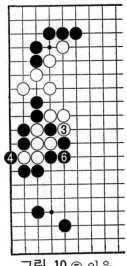

그림 10 ⑤ 이음

고목, 두칸높은 협공부터

두칸높은 협공이라고 하면 보통은 제일선의 낮은 외목에 대한 협공방법이다. 같은 선상의 고목을 협공하는 케이스도 흔히 보이는데 이 경우는 역전의 양상을 띄는 것이 특징이다.

한마디로 단순하게 처리될 것 같지 않은 높은 돌의 배치와 역전의 양상이 볼만하다.

그림 1 고목에 대한 두칸높은 협공. 백4의 대사는 현대에 와서 이 형의 표준적인 응수법이지만 처음으로 발생했던 40년 전에는 이 수로 백A, 흑B, 백C, 흑D의 괴이한 경로를 밟았다.

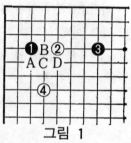

그림 1

왜 그처럼 어려운 길을 가지 않으면 안 되었던가? 우선 참고로 상식적인 진행을 살펴보자.

그림2 백1, 3 대 흑2, 4의 상식적인 형은 다음에 백A로 벌리고 싶은 곳. 흑 한 점이 높게 착수하므로 생각대로 될 수 없다. 그래서 진로를 변경해서 5로 뛰면 흑6이 호착이어서 흑이 만족이다. 상식이 통하지 않는 일례이다.

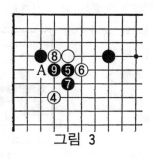

그림 2

그림3 그래서 어려운 것이 당연하다. 이처럼 백4하면 대사이기는 하지만 상대의 위치가 다르다는 점도 있다.

흑5로 붙이면 백6으로 젖힌다. 계속해서 7하면 백8. 불가피한 수순이지만 다음의 흑9가 우형. 우형에도 불구하고 착수한 고심의 일착을 높이 사주기 바란다.

보통 9로는 A로 벌리지만 이 경우도 그러한 상투수단은 통용되지 않는다.

그림4 흑1로 끌면 즉각 백2로 나와 4로 끊는다. 흑은 바로 이상하게 된다.

흑5로 축을 피하면 백6이 준엄하다. 이하 자연적인 흐름으로 10에 버티고 16까지가 선수이면 흑1의 죄가 크다.

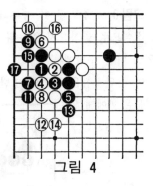

그림 4

그림 5 앞페이지 그림 3에서 계속이다. 고심의 일착인 흑9에 백 10은 큰 곳. 그래서 흑11로 후퇴. 그러면 백12 단수하고 14로 지키면 흑은 15, 17로 한 점을 끊어잡아 일단락인데 이것이 바로 정석이다. 그러나 괴이한 형태의 전투형이어서 의외의 수단도 감추어져 있다.

그림 6 흑1로 2단 젖히는 수. 그림5 11의 후퇴를 감수할 수 없다고 하면 시비는 어찌되었든 강행할 만한 수이다. 무엇을 노리는 것일까? 어쨌든 이 젖힘으로 쌍방에 단점이 많이 생겼다. 불안한 분위기의 국지전이다. 백은 어떻게 응수할 것인가?

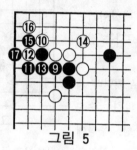

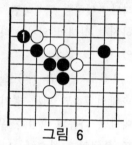

그림 5　　　　　　　그림 6

그림 7 백1로 끊어 그림 5의 정석에 환원할 수 있느냐의 여부인데 그것은 백3 다음 흑A로 백 한 점을 단수하지 않고……

그림 8 흑4로 끊어 6부터 10까지의 강습이다.

정석으로 돌아오지 않는다면 미지의 분야에서라도 백은 개척정신으로 나갈 수밖에 없다.

이 2단젖힘은 정석의 명단에는 없는 무법자의 수단이므로 대의명분은 백에게 있어서 당연하다.

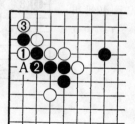

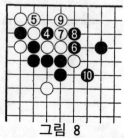

그림 7　　　　　　　그림 8

그림9 백1이 올바른 끊음수. 다음에 3으로 지키면서 A의 진출을 본다. 여기서 흑A는 백B가 호점이어서 4로 서서 저항.

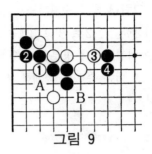

그림 9

그림10 백5로 끌면 흑6. 무슨 수단을 써서라도 귀를 살려야만 한다. 백7은 자신을 강화한다는 의미에서 불필요한 단수는 아니라고 생각된다.

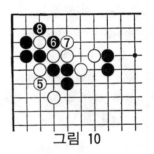

그림 10

그림11 이렇게 사전준비를 하고서 일약 백1로 걸쳤다.

이제 큰일이다. 흑 석 점이 포위당했다. 이 흑이 잡히면 이단젖힘의 의미가 없어진다. 백으로도 이 흑에게 돌파당해서 양분되어 장차 고전을 면치 못한다.

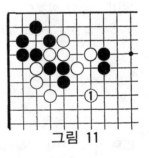

그림 11

그림12 흑1, 이 수 외에는 나갈 곳이 없다. 백2로 강력히 막는다. 이제 어느쪽이 정확하게 수읽기를 한 것인지 판명될 차례.

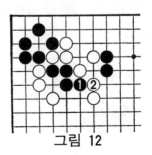

그림 12

그림13 백의 수읽기는 이 흑1을 예상한 것. 2로 잇고 3에는 4로 한 수 이김. 역시 명분을 세우게 되었다고 백은 속으로 쾌재를 부를 것이다.

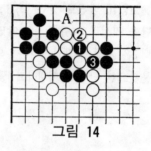

그림 13

그림14 그러나 흑은 엉뚱하게 1의 곳 먹여쳤다. 의외의 수여서 백이 경악한 것은 물론 백2로 딸 수밖에 없다. 흑3에 백이 따낸 자리를 이으면 흑A해서 백이 수상전에서 이길 수 없다. 패로 싸우는 것은 흑선수의 천하패여서 아주 나쁘다.

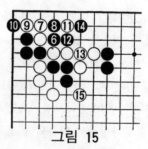

그림 14

그림15 그러나 이것으로 끝나면 명분이 서지 않는다. 백의 정착을 구해보자.

거슬러 올라가서 백의 패착은 그림10의 7.

이 수로 일단 여기의 7로 뻗어 이하 15로 걸쳐 흑 석 점을 잡는다.

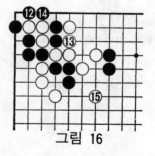

그림 15

그림16 수순 중 앞 그림의 흑12를 이 12하면 백13부터 이번은 15가 성립한다.

그림 16

소목, 한칸높은 걸침, 한칸벌림부터

그림 1 소목과 고목의 대치형에서 보이는 소목쪽 태도의 하나.

백 3의 착점에 주목하기 바란다. 고목의 상대에 붙이는 협공으로 직접행동을 일으키지 않고 견고하게 한칸으로 벌린 저자세여서 평화애호가 같은 모습이다.

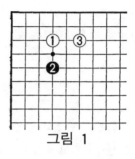

그림 1

그림 2 그러나 일단 흑 1로 붙여오면 맹렬하게 2로 젖혀나가고 흑3에는 4로 단수해서 6으로 수습한다.

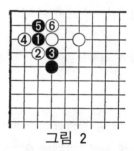

그림 2

그림 3 계속해서 흑 1, 3으로 살면 백 4 이하는 자연적인 추세인데, 그것은 처음에는 낮은 위치를 차지했던 백이 상대방을 조그맣게 귀쪽으로 봉쇄해서 중앙전에서의 주도권을 장악하려는 태세로 변모한 것이다.

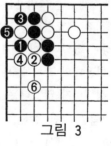

그림 3

이렇게 되면 평화적인 보살의 얼굴에서 호전적인 야차의 마음을 들여다본 것 같은 느낌이다.

그림 4 그림 3에서 귀를 확정지었던 백
4를 1의 곳으로 끈 변화다. 다음에 백 A
하면 귀의 흑 일단이 죽게 되므로 절대로
경계를 게을리해서는 안 될 수단이다.

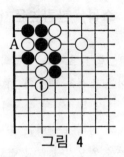

그림 4

그림 5 그림 4의 결말을 나타낸 것. 흑
1로 한 번 밀고서 3으로 젖히는 것이 요
령이다. 이 3이 가운데 흑에게 영향을
주고 있어 백 A가 와도 죽지 않는다. 보
살과 야차의 양면작전은 훌륭하다.

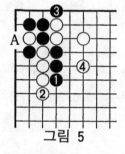

그림 5

그림 6 앞페이지 그림 2 6의 수로 1의
곳에 젖혀올리는 변화.

생각해보면 그림 2는 귀의 흑 두 점에
게 직접 태도결정을 강요해서 단병급전의
인상이 있었다. 이 백 1은 그것과는 반대
로 가운데의 흑에게 싸움을 걸고 귀의 흑
은 상대하지 않겠다는 태도이다.

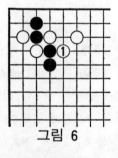

그림 6

그림 7 그런 취급을 당해서도 흑은 곤
란하다. 따라서 흑의 응수법은 흑 1로 단
수해서 3. 상대가 응해올 곳을 차례차례
선착한다.

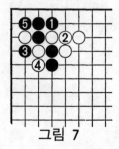

그림 7

그림8 계속해서 백1을 듣게 해서 3 부터 5. 귀는 그림3의 자연스러운 형과 비슷하게 수습하였는데 가운데의 요석이 잡혀서 승패가 난 모습. 이것은 백의 술 책에 넘어간 것이다.

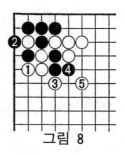

그림 8

그림9 그렇다면 흑1로 가운데를 중 시한다. 5로 벌려서 이립삼절의 이상형. 그러나 귀의 흑 두 점을 잡힌 커다란 손해는 이립삼절의 이상형 정도로 보충되 지 않는다.

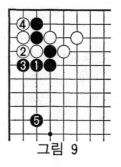

그림 9

그림10 그 손익에 대한 설명이다. 백 석 점과 흑 석 점이 균형을 취한 대항전에서 백1로 내린다. 흑2는 일리가 있지만 백3 과 교환해서 손해. 그뿐만 아니라 흑A, 백B에서 E까지 두면 장차 흑F에 돌이 왔을 때에 생기는 G의 치중맛을 없앤 결 과로 끝났다.

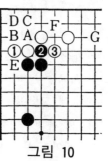

그림 10

그러면 정착을 구해보자. 그전에 귀를 중시할 것이냐, 중앙을 중시할 것이냐, 태도를 결정해야 한다.

그림11 우선 귀를 살리는 방법부터 살펴보면, 1, 3부터 5로 귀살이하는 것은 그림3의 자연형과 다름이 없다. 단, 흑5로 산 다음 그림 3과는 결정적인 차이가 생김을 인정하지 않으면 안 된다.

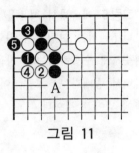

그림 11

그것은 백A로 하는 축의 조건이다. 그 조건이 흑에게 불리하면 흑은 귀에서 살 생각을 처음부터 단념하지 않으면 안 된다.

그림12 그림11의 다음 백1 뛰기는 이것도 그림3의 자연형과 같아서 이하 흑6 정도가 예상된다.

다음은 중앙을 중시하는 방법.

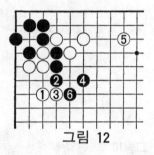

그림 12

그림13 힘껏 흑1로 단수한다. 그림9와 마찬가지이지만 다음에 흑3이 중요한 사고방식. 이 흑3을 A로 하였기 때문에 그림9는 백이 유리하게 끝났다. 이 흑3에 대해서 백은 귀쪽의 손을 빼어도 무방하다고 생각하는 것은 대단한 착각.

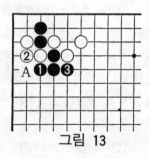

그림 13

그림14 이를 자세히 살펴보면 흑 3 에 '이 한 수'뿐이라고 해서 백4로 젖히면 흑은 즉각 5에서 7로 진출한다.

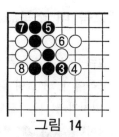

그림 14

그림15 앞 그림의 백8로 다음에 흑의 수단이 없으리라고 낙관하고 있으면 흑 1로 바로 막는 강수가 있어서 백2로 몰고 5, 7로 도망하여 9까지.

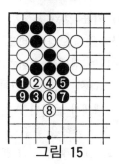

그림 15

그림16 때문에 백4의 지킴은 생략할 수 없다. 다음에 5로 걸치면 3의 뜻을 계승해서 '이 한 수'.

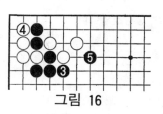

그림 16

그림17 계속해서 7, 9로 압박하고 11까지 벌린다. 원래가 고목은 세력 위주로 두는 것. 그 취지에 철저히 따라 11까지는 호쾌한 구도. 그림6의 야차, 백1의 교묘한 솜씨를 뒤집어 당당히 실리와 세력의 대항전으로 옮겨 놓았다. 이것은 쌍방에게 피차 불만이 없는 갈림이다.

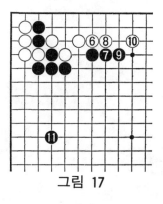

그림 17

고목 대 소목, 三三붙임부터

그림1 소목과 고목의 대치형에서 고목의 선제로 생긴 형.

고목이 1, 3 붙여 끌어서 5는 이상적인 구축. 소목 2, 4의 응수도 위치가 낮다는 불만은 있지만 정석이다. 물론 제2선을 두 번이나 기는 것은 찬성할 수 없겠지만 구축은 눈모양이 바로 사활에 강력하다는 점에서 값어치가 있다.

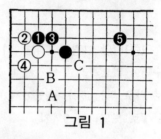

그림 1

그래서 흑5로 일단락인데 이 다음 백에서 둔다면 A와 B가 일반적인 착점이다.

A는 균형을 위주로 한 수비태세이고 B는 응형이긴 하지만 다음 C의 걸이를 보아 공격형이다.

또 백이 손을 빼어 흑에서 둔다고 하면 A가 온건한데 노리는 것은 중앙경영이다.

그림 2 상대에게 낮은 위치로 밀어붙이려고 한다. 백2는 여기서는 분쟁을 회피해서 참으려는 태도. 그러나 그것은 아무래도 쓰라리므로 A에 붙여 반격하려고 하는데 그 경우, 당연히 흑B를 맞아서 싸울 각오가 필요하다.

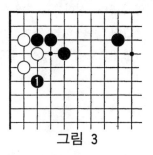

그림 2

그림 3 흑1로 압박하는 것도 과격하게 보이지만 정공법의 한 수이다. 그림2 흑1의 정신과는 정반대여서 이것은 변의 경영을 도모하는 것이다.

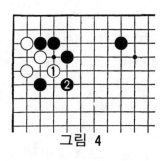

그림 3

그림 4 이것에 대해 백1로 진출하는 것은 보통이지만 여기서 흑2라는 것은 약자를 억누르는 협박적인 태도여서 평판이 좋지 않은 형태라고 하겠다.

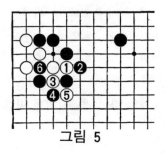

그림 4

그림 5 당연히 1, 3으로 혈로를 뚫게 된다. 백3으로 인해서 흑에게 단점이 네 개나 생겼기 때문에 즉각 5로 끊고 싶은 기분에 이끌리지만 그것은 흑6으로 치받는 수가 있어 함정이다.

그림 5

184

그림 6 단점이 많이 생겼어도 끊음수가 단수당하게 될 곳을 끊어서는 실패. 백5처럼 끊어서 단수당하지 않을 이 수가 정해이다.

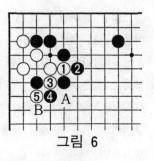

그림 6

이 5로 앞페이지 그림5 흑6의 치받는 수가 방지되었다. 이 다음 흑A, 백B로서 불리한 것은 술책을 희롱했던 본인 자신이므로 속임수임이 명백하게 드러난다.

그림 7 흑1하는 것이 건실한 수. 2에는 3으로 변의 땅을 경영할 자세다.

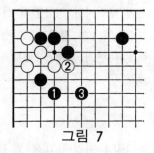

그림 7

그림 8 계속해서 백1이 이 형의 핵심이다. 그 누가 맨 처음 이 수를 두었는지는 모르지만 그 당시 상대방은 너무나도 놀랐을 것이다.

눈모양에 불안은 없다고 하지만 백은 현실적으로 포위당할 처지에 있다. 백1은 그러한 위기를 벗어

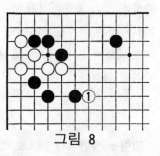

그림 8

나기 위한 착점인데 이 수 이외에 묘수가 없다는 단정도 결코 지나친 생각은 아니다.

흑은 어떻게 응할 것인가? 백1이 속임수냐 아니냐의 여부는 별문제로 하고 응전방법에 따라서는 속게 되므로 주의를 요한다.

그림9 백1에 흑2는 단병급전으로 몰고가는 불리한 수단. 백3 희생타를 던지고 5부터 7로 한 칸 뛴 흑 사이를 끼워서 돌파하면 심상치 않다. 변을 경영하려는 꿈도 깨지고 만다. 흑6 빵따냄은 세칸폭을 포위했다는 것에 불과하다.

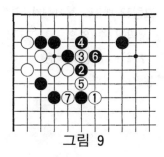

그림 9

그림10 그렇다면 흑2의 진출은?

백3으로 쭉쭉 뻗어 흑4가 기분좋은 꼬부림이지만 5로 뛰어들기를 당하면 무의미하다.

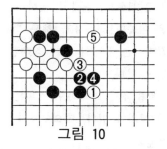

그림 10

그림11 흑1의 저항에는 백2로 단순하게 나가 8까지. 흑9로 외세를 견고하게 하지만 그것은 손해가 지나치게 크다.

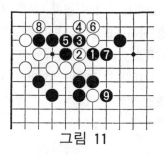

그림 11

그림12 흑1로 지키면 백2부터 4로 경쾌한 탈출. 흑1의 오른쪽을 이으면 백은 손을 뺀다.

또, 이 백의 모양이 불안하게 생각되면 다음 그림을 보자.

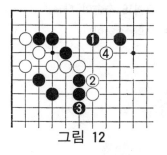

그림 12

그림13 백2로 해서 4가 수맥. 5가 생략될 수 없으므로 그래서 백6. 7에는 8하여 땅은 손해지만 활동력이 있다.

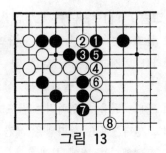

그림 13

그림14 또, 흑1로 젖혀서 이쪽은 이쪽대로 하자고 해도 백2로 끊겨서는 3, 5의 곳에 착수할 수밖에 없다.

백6, 8로 빠져나오면 흑은 변명의 여지가 없다. 흑의 정착을 구해보자.

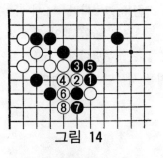

그림 14

그림15 흑1이 정착. 처음 변의 경영을 중요시하는 마음으로 백2, 4의 호구벌림을 기다려서 흑5. 이 5는 대단히 두터운 맛이어서 대세적인 면에서 반드시 두고 싶은 일착이다.

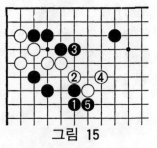

그림 15

그림16 수순이 다르지만 오십보 백보의 정착이다.

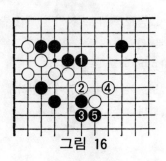

그림 16

한칸높은 협공부터

그림 1 한칸높은 협공에서 생겨난 형이다.

흑3의 높은 협공을 백4로 막고 흑 5의 응수를 기다려서 멀리서부터 6 으로 귀의 흑에게 공격자세를 나타 낸다.

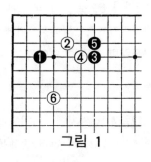

그림 1

변칙적인 형태. 이 4, 6이라는 집 행방법은 한칸높은 협공의 특수성에서 나타난 것이 아니라 착상 은 유행의 두칸높은 협공에서도 보인다.

참고삼아 이것을 살펴보자.

그림 2 흑 3의 두칸높은 협공 에 백 4로 치받아 흑5라면 백6. 다음에 흑A라면 백B, 또 흑C 라면 백D가 통상적인 형이다. 그 러나 유형이 있기 때문이라고 해서 다른 형이 좋다는 것은 아 니다.

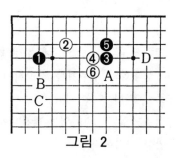

그림 2

그런데 백6에 대해 흑은 어떻게 응전할 것인가? 특수한 무기 에는 특수하지 않은 것처럼 해서 임전할 필요가 있다.

그림 3 안전을 바란 흑 1은 의문이다. 백은 덕택에 2, 4로 젖혀잇고 흑 5라면 6으로 호조의 기세. 흑 1의 칼뿌리가 차단당해서 귀에서 사는 정도라면 쓰라린 이야기.

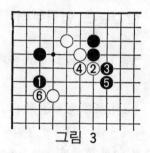

그림 3

그림 4 날일자에 달리는 흑1은 어떨까? 백6까지 먼저 손해를 보게 되므로 흑은 재미가 없다.

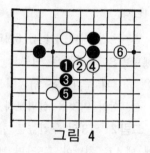

그림 4

그림 5 흑1로 발전자에 힘껏 뛰었다. 상대방의 주무기를 격리시킨 호수로 '이 한 수'이다.

백2는 당연, 비어있는 밭전자의 한 복판을 습격했다.

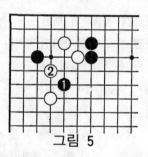

그림 5

그림 6 흑 1로 뿌리부터 분단시키려는 수단. 대단히 강력한 수단인데 이 수단을 뒷받침할 수읽기가 이루어졌다면 이 용단은 훌륭하다.

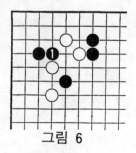

그림 6

그림7 백2 잇고 4로 막으면 흑5.기
분좋게 두점머리를 두들겼다.

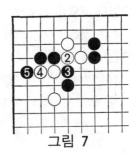

그림 7

그림8 순간 백6 이하의 조임수가 와
서는 그림7 5의 경솔을 질책하지 않을
수 없다.

흑13으로 살지 않을 수 없고 백14로
활로를 뚫으면 산산조각이 난 흑모양
이 비참하다.

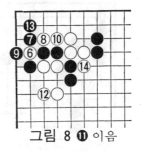

그림 8 ⓫이음

그림9 계속해서 어찌 되었건 흑1. 이 두 점이 잡히면 중앙전
을 실패하므로 착수된 흑1인데, 백2는 공격과 방어의 요처. 흑3이
급소의 공격이다.

그림10 그러나 백4, 6이 멋진 진행이어서 7에는 유유히 8로 잇
는다. 흑9 젖혀올리면 백10. A가 끊을 수 없는 곳이므로 강력하
게 둔다.

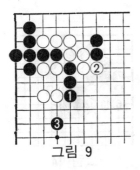

그림 9

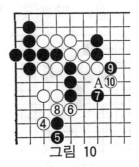

그림 10

그림11 그림10 이후의 결과를 보면 흑1, 3으로 양쪽 모두 탈출하려는 것은 무리. 백이 점차로 강해질 뿐이다.

그림12 흑5로 봉쇄해서 흑7 이하 13까지 멋지게 진행하려고 해도 14의 먹여치기부터 일거에 당해서 만사끝장이다. 따라서 그림1에서의 백의 변칙적인 수단은 성공할 것처럼 여겨진다. 그러나 이것은 흑의 대책부족에서 유래한 것. 흑의 패착은 그림7 5의 젖힘수에 기인한다.

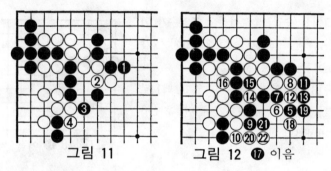

그림 11 　　　　　 그림 12 ⑰ 이음

그림13 흑1로 침착하게 두면 백의 변칙적인 수단이란 아무 것도 아니어서 오히려 백의 수단이 궁해진다.

그림14 백2로 나가 4로 흑이 넘어감을 저지한다. 흑5, 7이 선수의 젖혀이음. 백8에는 9부터 11. 다음에 A와 B가 맞보기이다. 백은 변칙적인 수단에 비장했던 두 개의 주무기가 각각 분단당해서 싸울 수 없는 모습이 되었다.

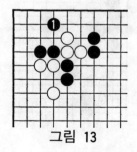
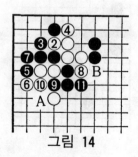

그림 13 　　　　　 그림 14

그림15 그림14 흑 9에 계속해서 백10으로 전환하면 11로 두 점을 따내어 흑이 유리하다.

그림16 그림14 A의 곳 지켜 백1이면 흑2.

그림17 백3으로 한 점을 단수하여 삶을 도모할 수밖에 없다.

흑도 4, 6으로 살고 이하 10으로 걸치면 백을 살려도 충분하다.

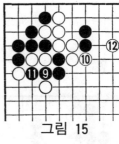

그림 15

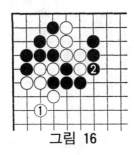

그림 16

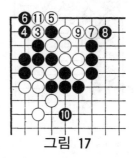

그림 17

그림18 또 백1로 이쪽에서 나가면 흑2로 끊는다.

그림19 지금은 백 넉 점을 버릴 까닭이 없으므로 백3으로 기어서 도망감은 쓰라리지만 하는 수 없다. 흑4 이하 백은 계속 기어서 도망한다.

기는 일 자체가 큰 문제이지만 귀를 잡을 수 있느냐 아니냐의 여부는 보장이 없다. 백A로 끊어서는 산다는 것을 그림17에서 나타내었다.

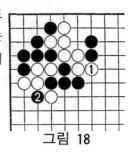

그림 18

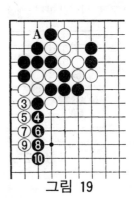

그림 19

그림20 흑을 잡기 위해서는 백1로 치중할 수밖에 없다. 3으로 젖히고 5는 수맥.

그러나 흑6하면 다섯 집 치중수이므로 백은 좀 더 아래를 기고 나서 결행하지 않으면 귀를 잡을 수 없다. 그러는 사이 대세는 더 한층 잃는다.

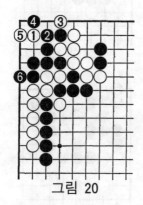

그림21 다시 처음으로 돌아가 흑1로 끼우는 것도 나쁘지 않다.

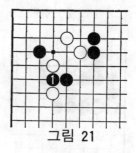

그림 20   그림 21

그림22 백2로 귀의 흑은 잡지만 흑3으로 빠져나가고 백4에는 5로 백6을 독촉해서 수두텁게 7로 꼬부린다.

이 그림은 실리의 백보다 외세의 흑에게 즐거움이 많다.

그림23 또한 앞그림에서 흑5에 백6을 게을리해서 이처럼 백1하면 헛수고.

흑2로 밀어올리면 백은 다음에 수습수단이 없어 망한 꼴이다.

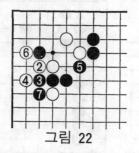

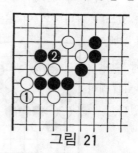

그림 22   그림 21

대사씌움부터

대사라고 하면 백변. 바늘에 실가듯이 이 두 자는 붙어다닌다. 그 만치 변화가 다채로운 전형이므로 자연히 함정도 많고 '속임수의 도매시장'으로 유명했다.

그 대사싸움의 수많은 속임수 중 으뜸이라 할 만한 것을 소개하기로 하자.

그림 1 백3에서 대사백변의 싸움은 출발.

흑4 붙이고 백5 끼우면 흑6에서 8. 백변의 전형이다. 계속해서 백9, 흑10을 교환해서 백11, 흑12는 쌍방의 근거를 견고히 하는 당연한 수인데 백3, 9와 흑4, 10의 두 점씩은 뒤에 중앙진출을 도모하는 사전공작이다.

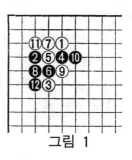

그림 1

그림 2 백13 이음은 백변으로 접어든 현재, 이 수에 한한 것은 아니지만 솔직하게 표준적인 응수라고 보아야 할 것이다.

흑14와 백15. 다시 쌍방이 자기 진영을 정비해서 흑16 뛰기. 자연스런 돌의 흐름이다.

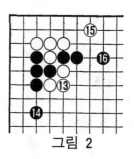

그림 2

본 문제에서 이 다음은 관계가 없지만 참고삼아 일단락까지 살펴보면 그림 3의 수순이 된다.

그림 3 대사성석 중의 기본형이다.

그런데 그림2에 돌아가서 백15의 날일자인데 이 수는 흑14와는 맞보기와 같은 것이지만 흑14 정도의 절대성이 없으며 따라서 절대성이 없는 수를 두어 약한 흑을 16으로 기분좋게 탈출시켜서는 이

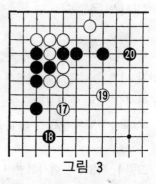

그림 3

번에는 자신이 그림3 17로 도망하지 않으면 안 되어 실리의 흑18과 교환하는 불만마저 남을 곳이다.

여기는 깊이 고려해야 할 곳.

그림 4 과연 백 1이 등장했다.

이것이 대사의 으뜸.

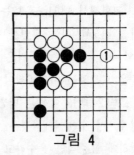

그림 4

그림 5 적의 급소는 나의 급소라는 생각으로 하면 ⓐ는 그림 2의 기본정석에서 본 대로 흑이 다음 착수할 예정지에 선착했다.

한편, 흑으로서는 당황할 수밖에 없다. 발전방향이 위협당해서는 재미가 없다. 그러나 그것은 생각하기에 달린

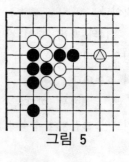

그림 5

문제. 백의 상식을 무시한 착수는 흑의 기회이기도 하다.

그림6 흑 1로 불길이 일기도 전에 황급하게 도망치는 것은 곤란하다. ◎의 통행차단에 굴복한 것.

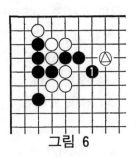

그림 6

그림7 백 2부터 6까지 흑을 봉쇄하여 상변이 크게 매듭지어졌다.

가운데의 백 석 점도 잡힌 셈이 아니라 맥은 충분히 있으므로 흑이 불리하다는 것은 명백하다.

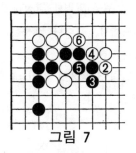

그림 7

그림8 가령 흑 1로 습격해서 백2에 흑3도 백4 이으면 흑은 수습할 수 없다. 흑1로 한 칸 왼쪽도 백4, 흑3, 백 1이어서 무리.

황급히 도망함은 안전한 것이 아니라 적의 책략에 걸려드는 것이므로 적을 맞아 싸울 수밖에 없다.

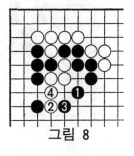

그림 8

그림9 흑 1로 나가는 한 수이다. 백도 A 따위를 두고 있을 여유가 없다.

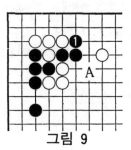

그림 9

그림10 백2에는 심술로라도 흑3. 그러면 백4. 좀 성가신 느낌이다.

그림11 그렇다고 해도 흑5의 단수에 손해는 없다. 백6으로 내리면 다음에 흑은 어떻게 나올까? 중요한 장면이다.

그림12 단호하게 흑1. 백을 격리시켜 승부를 일거에 결정하려는 용감성이 느껴진다. 그러나 만용은 필부의 용기이다.

그림13 백2에 이어 4로 먹여치고 6으로 조임.

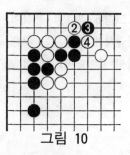

그림 10

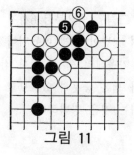

그림 11

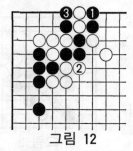

그림 12

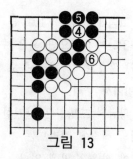

그림 13

그림14 백8에는 흑9하여 수상전에 지지 않는다고 믿어도 귀의 특수성 때문에 그렇게 간단하지 않다.

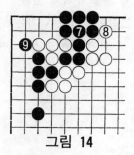

그림 14

그림15 백1에 흑2. 다음 백3이 일거에 흑의 숨통을 끊었다.

이 마늘모붙임 탓에 백은 자신만만했던 것. 이런 수로 잡히면 건강에 좋지 않다.

그러면 흑은 어떻게 둘 것인가? 패착과 정착을 알아보자.

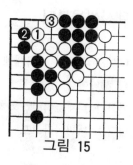

그림 15

그림16 거슬러 올라가서 패착은 그림12 흑1. 이것은 후퇴할 길을 마련하지 않고 너무 깊숙이 쳐들어간 것. 그 수로는 흑1이 정착. 이 흑1이 오면 이번은 백이 사태를 수습하기 위해 움직여야 한다.

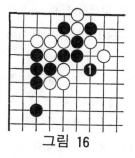

그림 16

그림17 백2, 4, 6. 듣는 것만큼 듣게 해도 8의 곳에 수가 돌아온다.

흑9가 천금의 꼬부림이어서 우세가 확정된다.

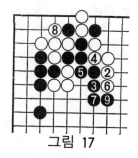

그림 17

그림18 또 단순히 백2라면 즉각 흑3 한다. 이것은 땅의 크기.

흑7로 쌍방의 급소에 선착하여 여전히 흑의 우세는 움직이지 않는다.

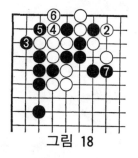

그림 18

대사씌움부터

대사는 외목이 소목에게 선제공격을 가하는 수단으로서 대표적인 것의 하나이다.

변화가 다채로워 백 가지에 이를 만큼 많은 변화가 있다고 해서 한마디로 백변이라고도 일컬어진다. 사실 대사에 대해서 소목이 최초의 응수를 선택하는 그 한 수부터 계속 변화하는 수단이 증가한다는 점에서 타의 추종을 불허한다.

그림 1 대사전투의 한 가지가 출발하는 모습. 흑 4 로, 응수하는 소목에게 주도권이 옮겨져서 진행되는 정석이다.

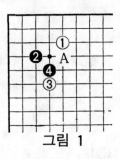

그림 1

흑 4 는 이 수 대신 A의 곳 착수해서 백이 그 왼쪽에 끼우고 흑4, 백 이음이라는 백변의 행로와 대조하면 변화가 적어서 백변회피형이라고도 볼 수가 있다.

그림 2 계속되는 진행을 예상하면 백1 막음에 흑2로 젖혀 세 번 뻗어서 8로 뛴다. 가장 흔한 형이므로 기억하기 바란다.

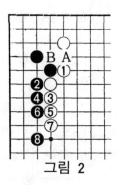

그림 2

이 그림에서는 끝내기 문제로서 흑A의 끼움수, 백B의 호구치기가 부각되는데 양쪽 다 후수이므로 이를 결행할 시기에 주의해야 한다.

그림 3 그림 2처럼 산뜻하지는 않으나 흑2로 끼우는 것도 실전에 흔히 나타나는 수단이다.

백변회피라고 해도 역시 그렇게 단순하게 진행되지는 않는다.

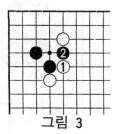

그림 3

그림 4 그림3 이후의 수순을 보면 백3에 4로 잇는 것은 소위 삿갓형이라는 악형이지만 다음에 A로 끊어 실리를 취하려는 것.

백은 그것을 알고 있지만 세 군데의 단점 중에서 그곳만은 잇지 않는다. 그래서 백5.

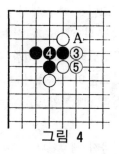

그림 4

그림 5 흑이 들떠서 1로 끊었을 때 보통이라면 백2로 내려서 저항하는데 이것이 이 형의 대표적인 정석이다.

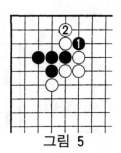

그림 5

200

그림6 흑1로 막아서 잡는 것이 중요하다. 욕심을 부려 흑이 4의 곳, 옆으로 뻗어서 잡으려고 하면 백A의 치중수가 흑의 삿갓형 넉 점의 공배메움을 보아 유력, 일대소동을 불러 일으킨다. 흑1에는 백2가 좋은 수. 흑3에 4로 돌아온다. 6까지가 정석.

그림7 앞 그림의 흑3으로 흑1 하면 백2로 반격당하고 3에는 4로 내리는 묘수가 있어서 A와 B가 맞보기로 흑은 재미가 없다.

방심할 수도 없고, 조그만 홈 하나 없는 정석이라 할 것이다.

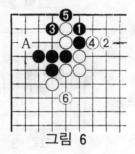

그림 6

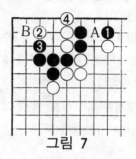

그림 7

그림8 백1로 단수한 후 방향전환해서 3으로 내리는 수도 있는데 A의 막음수가 선수인데도 그것을 행사하지 않는다는 점에서 여유만만하면서 치밀한 감을 느끼게 한다.

그림9 계속해서 흑4. 백5에는 6. 7로 일단락을 맞았다. 흑은 실리, 백은 세력을 취해서 쌍방이 아무런 불만도 없는 갈림이다. 그러나 그럴 정도의 것이라면 그림8 A에 내려도 대동소이하지 않았을까 생각된다.

당연한 의문이지만 백이 이 형을 선택한 데에는 당연히 그 나름대로의 이유가 있기 마련이다.

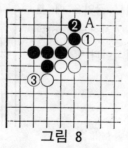

그림 8

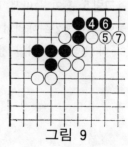

그림 9

그림10 백 1이 급소의 치중.

혹의 진영 속에 고독하게 남겨진 백의 모석에 생명의 맥을 남기려는 것인데 그림8을 선택한 백의 커다란 이유는 이 수의 존재에 있었다.

그림 6의 대표적인 정석을 회피한 이유도 알 것이다.

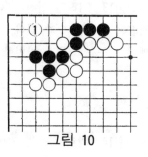

그림 10

적진 속의 게릴라가 기회를 얻어 드디어 활동을 개시하는 모습. 소수이지만 정예이므로 이 수가 오면 크게 보였던 귀의 실리도 한정된 것으로 끝나고 만다.

그림11 흑1로 몽땅 잡을 수 있는 정도라면 ⚪는 두지 않았을 것이다. 흑 1이 헛수고.

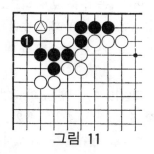

그림 11

그림12 흑1에는 백2가 있어서 즉각 흑3으로 도망하지 않으면 안 된다. 백 4로 차단당하면 흑 5로 끊어도 6으로 기어 네 수 다섯 수의 수상전이므로 흑은 잡히고 만다.

중요한 것은 백2를 봉쇄하는 일이다.

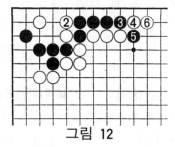

그림 12

그림13 흑1하면 안전. 그림12 백의 역습을 봉쇄할 수가 있다. 그렇다고 백이 이곳을 그대로 방치할 리가 없다.

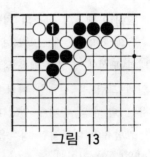

그림 13

그림14 백2로 붙이는 것이 멋진 수. 이 수로 안과 밖이 연결된다.

흑3으로 젖혀 백4로 끌면 흑5로 수가 돌아가지 않을 수 없어 백A로 끌어나가는 수를 보게 되므로 백6부터 8로 넘어감을 막을 도리가 없다. 흑은 눈만으로 간신히 산 처량한 꼴이다.

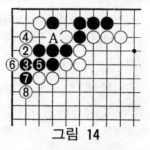

그림 14

그림15 흑1하면 귀의 삭감은 방지할 수 있지만 그러면 백2.

이것을 선수로 둘 수 있다는 것도 물론 게릴라의 효과이다.

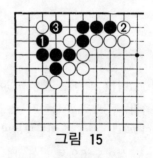

그림 15

그림16 이렇게 될 바에는 그림9에 돌아가서 후수일지라도 흑1을 두었어야 할 것이다. 그러나 이 수는 끝내기 수. 초반전에서의 태도라고는 할 수 없어 난감하다. 백A가 기대될 수 없음은 확실해졌다.

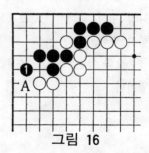

그림 16

대사씌움부터

이유없는 반항이라는 말이 꽤 유행하게 된 지도 오래다. 이 이유 없는 반항은 젊은이들이 주인공으로 등장하는데 노인층에는 이유없 이 고집을 세우고 심술을 부리는 분이 많다. 특히나 이 심술과 고 집이 사이좋게 (?) 공존하여 그야말로 이해하기 곤란한 인간성을 만들어내는 경우가 있다.

바둑에서도 그러한 예는 흔히 있다. 인생은 일국의 바둑. 바둑은 인생의 축소판이라고 불리므로 비슷한 사례가 있는 것도 어쩔 수 없는 일이리라.

그림 1 대사형의 초반의 한가지 형.

백 1의 대사에 흑 2는 상용수단이라 하고 다음의 백 3이 문제의 수. 물론 전혀 없는 수는 아니지만 돌의 흐름으 로 보아 터무니 없다.

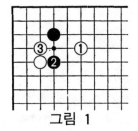

그림 1

흑에게 한 칸 뛴 사이를 잇게 해서 먼저 대사에 걸친 돌로 고집과 심술을 부리려는 것이다.

그러나 이유없는 외고집이라고 해서 경시하다가는 당한다. 외고 집인 만큼 의외로 강력할 수 있다.

그림 2 어찌 되었건 흑 1은 좌우의 백을 격리시켜 절대이다.

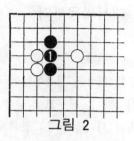

그림 2

그림 3 백 2에 흑 3으로 근거를 만드는 것은 타당하다고 치고 다음에 상식적으로 5의 곳에 붙여 중앙에의 진출을 노린다.

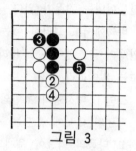

그림 3

그림 4 그 상식적인 흑 1에는 백 2로 젖히고 솔직하게 흑 3.

그 순간 백의 강렬한 타격이 흑의 일단에 작렬한다. 4로 내린 수가 A의 단점을 지키면서 B의 분단수를 노려 일석이조이다.

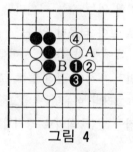

그림 4

그림 5 흑 1은 그림 4 B의 끼움수를 회피하여 어쩔 수 없는 수. 이하 흑은 우형이 되고 백은 양쪽을 두어 기대밖의 대성공을 거두었다.

그림 4 백 4로 내리는 묘수가 있기 때문에 흑으로서는 다른 방도를 강구하지 않을 수가 없다.

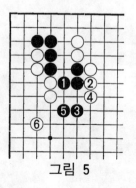

그림 5

그림 6 그렇다고 해서 1로 단점을 해소하는 것은 보통은 좋은 착수로 여겨지지만 이 경우는 즉각 백 2를 당해서 백 4로 강력하게 봉쇄당한다.

이 형은 단점이 세 군데나 있음에도 불구하고 백의 모양은 활력에 넘친다.

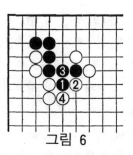

그림 6

그림 7 흑 1로 끊고 다시 3으로 끊는다. 그렇게 하면 단수당한 돌은 모조리 탈출한다.

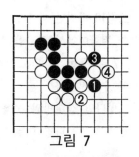

그림 7

그림 8 계속해서 흑 1 이하에는 2에서 6까지 노도와 같은 기세. 그 6이 호착이어서 2의 아래와 4의 오른쪽에 단점이 두 군데 생기긴 했지만 두려워할 것은 못된다.

흑이 즉각적으로 끊을 수 없

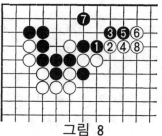

그림 8

다는 사실은 간단히 확인될 것이다.

흑은 어찌 되었건 7로 지켜야 하는데, 백도 8로 방비하여 중앙에 구축된 백의 장애물은 흑의 실리 따위가 문제될 수 없다.

이 변화도 또한 헛수고였다. 이렇게 된 근본을 살펴보면 앞 페이지 그림 3 5의 상식이 노인의 심술과 외고집에는 통하지 않는다는 점이다.

그림9 흑은 석 점으로 늘어선 돌의 강력한 전투력을 빌려 흑1로 강력하게 젖힌다. 그림3 흑3으로 귀를 지키면 백4로 상대의 진영이 강화된다. 이러한 교환을 그전에 치루고 싶은 기분은 모르지 않는다.

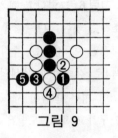

그림 9

즉각 백2의 반격이 들어온다. 흑5를 포위하는 것 같다.

그림10 하지만 백1부터 5가 의외로 강력한 저항이어서 흑6을 생략할 수가 없다. 7로 한 번 더 밀고 9가 되면 유가무가의 수상전이다.

그렇다면 상대방의 눈을 따내어 같은 조건에서 싸운다면 어떨까?

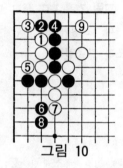

그림 10

그림11 1로 젖히고 3으로 치중하지만 그것마저 제대로 안 된다.

그림12 백1로 나가 3으로 젖히는 간단한 수가 있어서 5에는 6으로 수상전이 이루어지긴 했지만, 백3을 따내고 그곳을 잇고 나서 끝내기하면 백7을 당하여 한 수 모자란다.

노인의 외고집은 역시 세다.

그러면 흑이 호각 이상으로 싸울 수단은 무엇인가?

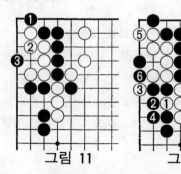

그림 11　　　　그림 12

그림13 흑 1로 근거를 견고히 하는 수단에 좋지 않다고 하는 경우는 우선 거의 없다. 백 2로 교환해서도 둘 만하다.

다음의 흑 3이 하나의 계책.

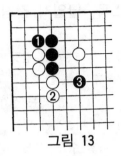

그림 13

그림14 이에 대해 백 1로 흑의 진로를 방해하면서 자신의 근거를 만든다면 그때 흑 2로 치받는다.

백 3은 당연. 앞에서처럼 내려서는 수도 사정이 달라지면 좋은 수라고 할 수 없으며 이번의 경우는 백 1과의 중복이어서 오히려 좋지 않다.

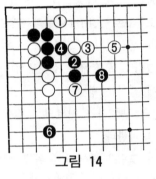

그림 14

수순에 흑 4로 단점을 해소하고 백 5로 상변을 강화하면 흑 6의 협공. 백 7에 흑 8로 자연스럽게 뛴다.

흑은 백을 두 개로 분단시켜 건실하며 다음의 전투에 용이한 형세를 견지한다.

그림15 백 1은 그림14 1 대신에 흑을 격리시킨 착수. 강력한 반격이다.

그러나 그때는 흑 2로 달려서 백에게 3의 공배를 잇게 한다. 그것이 응형이어서 흑은 선수를 잡아 불만없는 진행이다.

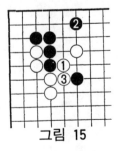

그림 15

소목, 날일자 걸침, 마늘모부터

마늘모라고 하면 얼핏 연상되는 사람이 기성(碁聖) 秀策이다.

수책류(秀策流)는 세 군데의 귀를 선이 다른 소목의 곳에 점령하는데 그중 한 귀는 상대의 날일자걸침에 마늘모로 응답하는 것이 조건이고 마늘모가 없는 一·三·五의 소목만으로는 秀策의 특징을 나타낼 수가 없다.

秀策이 왜 마늘모를 애용했는가? 그 이유는 그가 성장할 때의 타도목표로 太田雄藏이라는 외목의 명수가 있었던 것이 커다란 동기라 생각된다.

그림1 秀策流의 소목포석에서 한 귀에 생기는 형.

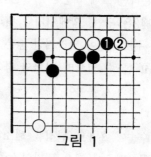

그림 1

흑1, 백2라는 서로의 고집에 주목하기 바란다.

이 그림을 해명하기 위해 정석의 수순을 처음부터 살펴보자.

그림2 흑 1의 소목에 백 2로 날일자에 걸쳐서 흑 3의 마늘모. 즉각 협공하고 공격하자는 사고방식에서 본다면 참으로 발이 느린 모습이기는 하다.

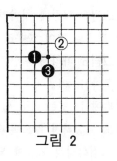

그림 2

발은 느리지만 건실한 맛은 뛰어난 선번으로 석 집 이기면 훌륭하다고 일컬어졌던 시대에는 우수한 전법이었다.

그러나 현대의 대국은 여섯 집 전후 이겨야 한다.

이러한 단점을 메우기 위해서는 아무리 좋은 수라고 해도 한 군데서 두 수나 소비하는 유유자적은 좋지 않다.

즉각 협공해서 공격으로 나설 것이냐, 큰 곳으로 전환할 것이냐가 문제다. 단, 덤이 없는 바둑이라면 마늘모가 영구불변의 호수임은 예나 지금이나 변함이 없다.

그림3 소목에서 흑 3으로 마늘모하는 수는 다음에 4와 5가 맞보기이므로 백 4로 이쪽을 중시하면 흑 5의 걸이는 필연.

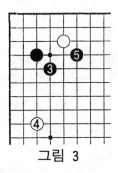

그림 3

그림4 계속해서 백6, 8은 보통은 한 걸음 띄우지만 ⊘가 흑 일단을 견제하는 이 국면이라면 유력. 이래서 그림1이 이루어졌다.

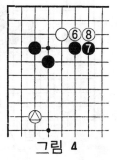

그림 4

그림 5 그런데 첫머리에서 말했던 고집의 싸움은 여기서 흑 1이면 백 2로 뛰어 충분하다.

그림 6 따라서 위험은 각오하고 흑 1. 이 수에 백 2로 굴복하면 흑 7까지. 이번에는 흑의 만족이다. 또 7은 백 A의 수를 방비한 것. 그밖에 B 또는 C도 있어서 손빼기도 가능. 결국 백 2는 고집으로라도 협공하지 않으면 안 되는 이유이다.

고집끼리의 싸움이 되면 무사하게 끝나지는 않을 것이다.

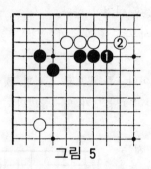

그림 5

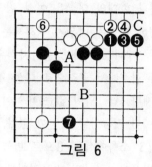

그림 6

그림 7 흑 3으로 내리는 한 수. 이제 와서 흑 4로 이을 수는 없다. 그러면 백 4. 기다리고 있었노라고 모자를 씌워 그만이다.

그림 8 흑 5로 도망해도 백 6으로 서면 흑은 괴롭다. 그러나 7로 지키면 이번에는 반대로 백이 괴롭다. 백 8 이외의 수로는 살 길이 없다.

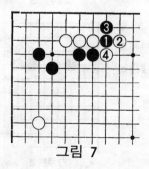

그림 7

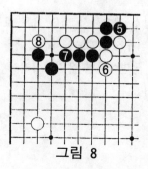

그림 8

그림9 흑1로 젖혀 백을 잡자는 것. 형세가 유리하다고 보아 흑은 강력한 기세. 사실 이렇게 젖히면 백에게 눈모양은 없다. 그렇다면 백2, 후수의 선수로 탄력있는 응수법이다.

그림10 이 기회다 하고 흑3 단수하지만 즉각 흑5로 한 수 후퇴해야 하므로 백6의 호점에 전환해서 공수가 역전. 흑7로 기어서 도망하면 바로 백8이 온다.

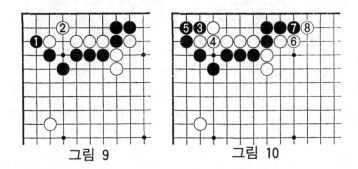

그림 9　　　　　그림 10

그림11 지금에 이르러서는 흑9 공배를 메워서 수상전을 치를 수밖에 없다. 11로 급수에 치중한다.

그림12 그러면 백1로 분단당해도 네 수씩이므로 먼저 둔 쪽이 이기기 마련이다. 그러나 백5까지 진행하면 둘 권리는 있지만 공배메움의 관계로 여기는 둘 수가 없다. 흑이 당했다.

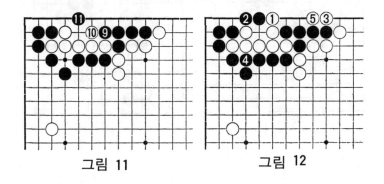

그림 11　　　　　그림 12

그림13 상대의 포위망도 완벽한 것은 아니다. 흑1로 끊으면 어떨까?

그림14 백2에 다시 3으로 끊어도 백10까지 세 군데가 모조리 도망하므로 흑은 속수무책이다.

그러면 흑이 탈출할 수 있는 정해는 무엇인가?

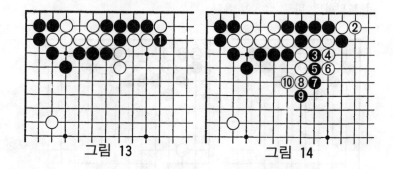

그림 13   그림 14

그림15 △가 왔을 때 흑1로 즉각 젖혀나가는 것이 중요. 그림9 1, 그림10 3 따위는 백의 함정에 깊이 빠져든 것이다.

그림16 백2로 지키게 해서 3. 4에는 5로 중앙과 변을 함께 노리자는 것. 앞길에 격전은 예상되지만 흑에게 유리한 출발임은 틀림없다.

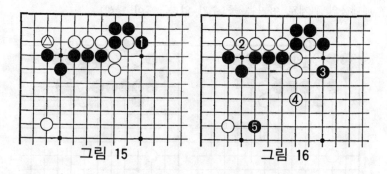

그림 15   그림 16

외목싸움에서부터

그림1 흑3의 네칸벌림은 외목으로 변을 중시하는 면에서는 유력한 구도의 하나이다.

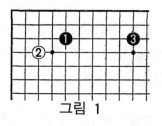

그림 1

발상은 예로부터 있었던 것으로 제일 착수를 중앙의 화점, 다시 말해서 천원에 두었던 御城碁, 本因坊 道策과 保井算哲의 대국에서는 그 굳힘보다 3의 벌림을 우선했던 정도이다.

선번은 算哲. 제일석이 천원이라는 특수성에서 본다면 그것도 충분히 납득할 수 있을 것이다.

그러면 이 네칸의 적진에 대해 백은 어떻게 대처할 것인가?

그림 2 네칸의 특징은 중심이 없다는 점이어서 그점이 바로 초점을 흐리게 한다. 가령 세칸벌림이라면 중심이 있으므로 한가운데를 백 2로 뛰어들어 7까지의 형을 간단히 이룰 수가 있다.

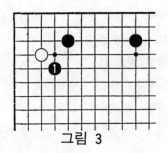

그림 2

그림 3 흑 1의 걸이가 호착이 된다.

예로부터의 대표적인 예를 우선 두 가지 소개하자.

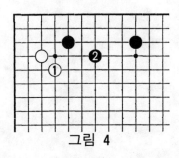

그림 3

그림 4 백 1로 상대방이 두려고 하는 곳에 선착한다. 흑 2는 벌림이 넓어서 건실하게 지키는 착점이다.

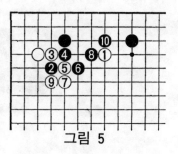

그림 4

그림 5 백 1로 의향을 타진해서 흑 2로 걸쳐 왔을 때 3부터 나와 끊어 싸운다. 백 1을 희생했지만 9까지 견고하게 수습하면 바꿔치기는 면한다.

그런데 그림 4와 그림 5의 대표적인 예와는 별도로 네칸용의 수단이 있다.

그림 5

그림 6 백 1로 붙이고 3으로 맞끊는 수단. 3의 한 점을 미끼로 던져서 무엇인가 일을 꾸미려는 노림수여서 흑의 응수 여하에 따라서는 의외의 부산물이 나올지도 모른다.

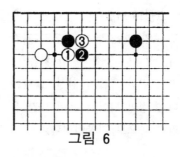

그림 6

그림 7 흑 1로 끼워서 3으로 잇는 것은 백 4의 다음 외길수.

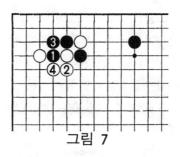

그림 7

그림 8 흑 5 이하 외길수의 수순을 거쳐 13까지. 그 간결명료한 점은 살 만하지만 흑이 일렬로 늘어선 석 점과 처음의 네칸벌림 사이가 좁다는 불만이 남아 백이 약간 유리하다. 그 약간이라는 차이가 결코 무시할 수 없는 것이라면 노력해서 별도의 수단을 추구해야 한다.

그림 9 이 흑 1이 좋은 수. 네칸을 살리는 으뜸가는 수라고 기억해 둘 일이다.

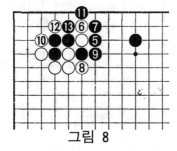

그림 8

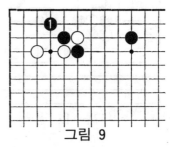

그림 9

그림10 백 2 부터 4 에는 흑 5
로 A의 맛을 남기고 7 로 지킨
다. 백 8 도 급소이지만 처음 네
칸에 벌린 흑돌이 원치 않았는
데 호점이 되어서 흑이 약간 유
리한 쪽으로 기울어진다.

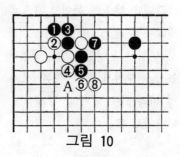

그림 10

그림11 다음의 요령이다. 흑1
단수에는 꿈속에서라도 3 의 곳
을 이어서는 안 된다. 2로 되단
수해서 3으로 따냈을 때 4한다.
　그림8에서 그림10까지가 네칸
벌림에서의 특수한 공방전투형
의 표면적인 수단이다. 그러나

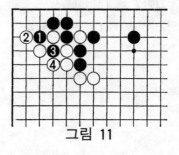

그림 11

바둑이란 살아있는 것으로 때와 장소에 따라서는 공식도 태연히 무
시된다.
　그림12 흑 1 이 있을 것 같다. 건실하게 단수하여 안심일 것 같으
나 실은 모험 전제조건으로 대각선 상의 귀의 사정을 조사할 필요
가 있다.
　그림13 백 2 에는 3. 3으로 A하면 백 3으로 고전이다.

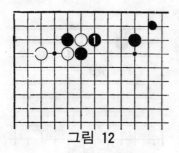

그림 12

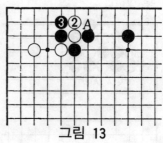

그림 13

그림14 백1 탈출해 흑2. 오른쪽이 약화되지만 불가피하다. 3에 4로 뚫고 나가는 것도 불안은 있지만 바로 지금이 기회이다.

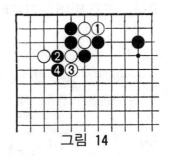

그림 14

그림15 순간 백1의 습격. 대혼전이 벌어지는데 다음에 4로 단수하고 5에는 6. 흑은 한숨 돌렸다.

A와 B가 그럴듯한 맞보기. 백 C라면 흑B로 모는 축인데 그 조건이 유리하면 흑의 큰 승리.

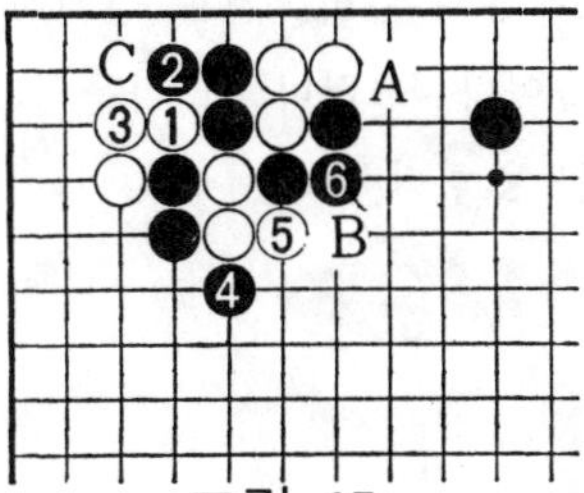

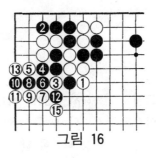

그림 15

그런데 그러한 수읽기만으로는 불충분하다. 또 하나의 공작이 필요하다. 다음의 수로 국면은 백팔십도로 전환한다. 집념의 수라고도 할 것이다.

그림16 백1 꼬부림이 축관계의 교묘한 영향책으로 새로운 사태가 발생한다.

흑2의 저항에는 백3부터 11까지, 거기서 벽을 향해 〈원 쿠션〉. 쫓는 자와 쫓기는 자의 입장이 달라질 뿐 아니라 축의 방향도 달라진다.

그림 16

이렇게 되고 나서 다시 대각선 상의 맞은편 귀를 엿보는 것은 어리석은 것. 부처님마저 돌아앉을 것이다.

고목, 三三 뛰어들기부터

옷을 잔뜩 껴입는 것은 모양이 좋지 않다. 멋쟁이는 엄동설한에도 멋을 위해서는 옷을 얄팍하게 입어 추위를 참고 견딘다.

이러한 겨울철의 얄팍한 옷차림을 연상시키는 전투형을 게재한다.

그림 1 흑 1의 고목에 백 2로 침입해서 흑 3의 압박. 별로 신기하지도 않은 모습이다. 그러나 이 다음의 진행이 주의를 요한다.

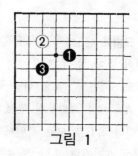

그림 1

그림 2 백 4의 상용수단으로 붙였는데도 흑 5에는 백 6, 8, 10으로 변화했다.

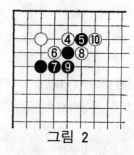

그림 2

그림 3 계속해서 흑 11에 백 12.

이것으로 상변의 흑 두 점이 통채로 잡힌다면 그이상 다행이 없을 것이다.

얄팍한 옷차림으로 재빠르게 위쪽을 포위했다. 그러나 아무래도 얄팍한 인상은 숨길 수 없다. 감기에 걸리는 것은 아닐까 하고 걱정이 될 만하다.

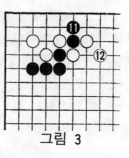

그림 3

그림4 비교를 위해서 일반적인 방법을 설명하면 우선 흑1 막음에는 백2로 맞끊는지의 여부를 고려해야 된다.

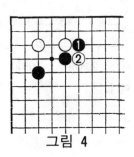

그림 4

그림5 이 맞끊음에 대한 흑의 기본적인 태도는 흑1로 단수해서 3으로 끄는 것인데 다음에 4의 진출과 5의 단수를 맞본다.

백4는 여기를 돌파당하면 손해가 크므로 넘는 것이 자연스러운데 다음 흑5가 △를 축으로 따면 부분적으로는 문제삼을 것 없이 흑이 우세하다.

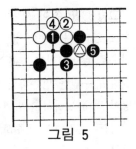

그림 5

그림6 그러나 축이 불리하면 흑1로 먼저 끌어 백에게 수를 넘기지 않을 수 없다. 이하, 백2로 몰고 11까지의 바꿔치기는 좁은 곳에서 작전을 한 백의 성공이라고 인정된다.

그렇게 되면 그림4 흑1의 젖힘수는 축이 유리함을 전제로 한 수단이라고

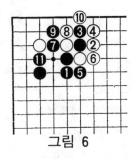

그림 6

볼 수 있을 것이다. 그때 그림4 백2에 대신하는 수단이 그림2 백6의 속된 호구치기인데 정석의 수순은 다음과 같다.

그림7 백3으로 이단젖혀서 귀에 가느다란 모양으로 참는다. A의 곳 끊어 강력하게 나가라는 따위는 정석에 없다.

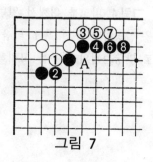

그림 7

그림8 또 흑이 그림7 8까지의 후수로 압박하는 수순 중, 4의 곳에서 선수로 끊어올리고 흑6으로 귀에 전환하여 수단을 만든다면 이것도 상대방이 멋대로 하라고 맡겨두고 백9부터 11로 온건하게 응수하기만 할 곳이다.

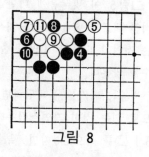

그림 8

귀에 들어간 이상 그 정도는 감수해야 할 운명이다.

그림9 그것을 그림7의 정석을 무시해서 3으로 끊고 5에서 7로 진행했으므로 지나친 착수라고 해야 할는지 모른다.

그러나 바둑에서는 비록 잘못이라 할지라도 상대방의 잘못을 질책하지 못하면 잘못이 되지 않는다.

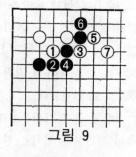

그림 9

얇은 옷을 입어도 감기에 걸리지 않으면 무방하다.

그러면 백의 지나친 착수를 흑으로서는 어떻게 질책할 것인가?

그림10 흑 1 들여다봄이 이 형의 급소다. 상대방의 진영 속에서 직접 행동을 일으켰다. 이 수는 단수가 아니므로 착안하기 어려울는지 모르지만 착안했다고 해도 백A로 응원이 계속되지 않으리라고 생각하는지도 모른다.

그림11 그러나 백 2 에는 흑 3 으로 귀에 나가는 것이 멋지다. 백 4 할 수밖에 없다.

흑 5 를 단수하는 덕택에 선수로

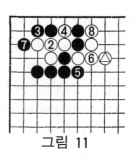

그림 10   그림 11

7의 곳 단수하여 넘어갔다.

이 그림11을 그림12(축이 불리한 경우 흑이 취하는 수순 : 그림6 정석)와 비교해 보기 바란다.

백의 소득은 같지만 그림11에서 백이 조금 흑의 땅으로 진출했다는 것만으로 선수와 후수의 차이가 생겼다.

그림12 그 귀의 땅도 백A에 흑B로 받을 수밖에 없으므로 대동소이하며 결과적으로는 백이 11로 ◎의 불필요한 돌을 최후에 두어 흑에게 수를 넘겨준 형이다. 그림12는 백이 유리하나 그림11은 흑이 유리한데 이것은 얇은 옷을 입은 백이 감기에 걸린 꼴이다.

그뿐만이 아니다.

그림13 흑 1 이라는 단수도 남았다.

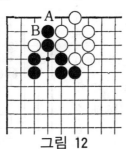

그림 12

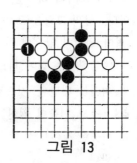

그림 13

그림14 그 수에 만약 백 2 로 굴복하지 않고 반발하려고 들다가 사태는 한층 악화된다.

흑 5 로 치중해서 백 6 이음에 7 부터는 조임수의 수순.

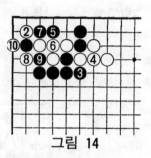

그림 14

그림15 흑 1 로 단수하고 3 은 쌍방의 급소. 이 요처에 선착하면 지지 않는다. 백도 4, 6 으로 한 눈을 지니고 8 이 최선. 이하 백14까지 귀는 빅으로 일단락이다. 그러나 흑은 15 를 듣게 하는 수순에 17로 외세가 단연 압도적이다. 또 상변 백 여덟 점을 노린다.

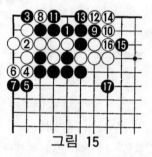

그림 15

그림16 흑 1 에는 백 2 로 굴복해야 할 곳. 백으로서는 참을 수밖에 없다.

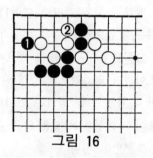

그림 16

그림17 비슷한 형을 게재한다.

고목과 소목의 대치형에서 파생한 것이다. 앞의 그림 3 (또는 그림 9)과는 형이 완전히 같은데 한 칸씩 오른쪽에 이동했다는 점이 다르다. 이 한칸의 차이는 대단한 것으로 감기에 걸리는 것도 이쪽이 훨씬 심하다. 수단은 비슷한 것이므로 각자 시험해 보기 바란다.

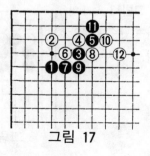

그림 17

바둑의 정석·속임수   坂田 바둑 시리즈 7

발행 1996년 12월 20일   ⓤ 값 7,000원

著 者：坂 田 榮 男
校 閱：沈 宗 植
編譯者：一信·囲碁書籍編纂會
發行者：南 溶
發行所：一 信 書 籍 出 版 社

주소：121-110
　　　서울 마포구 신수동 177-3
등록：1969. 9. 12. NO. 10-70
전화：영업부 703-3001～6
　　　편집부 703-3007～8
　　　FAX 703-3009
대체구좌 / 012245-31-2133577

값 4,000원
1993년 12월 30일